学校课程深度变革丛书　杨四耕 主编

朱惠芳◎主编

蒲公英课程：

综合实践活动课程的校本创意与深度实施

华东师范大学出版社
·上海·

图书在版编目(CIP)数据

蒲公英课程:综合实践活动课程的校本创意与深度实施/
朱惠芳主编. —上海:华东师范大学出版社,2019
(学校课程深度变革丛书)
ISBN 978 - 7 - 5675 - 8673 - 4

Ⅰ.①蒲… Ⅱ.①朱… Ⅲ.①活动课程－教学研究－小
学 Ⅳ.①G622.3

中国版本图书馆 CIP 数据核字(2019)第 040747 号

学校课程深度变革丛书

蒲公英课程:综合实践活动课程的校本创意与深度实施

丛书主编　杨四耕
主　　编　朱惠芳
副 主 编　朱正靖　朱黎平
策划编辑　刘　佳
项目编辑　林青荻
特约审读　曹晓彤
责任校对　王婷婷
装帧设计　卢晓红　刘怡霖

出版发行　华东师范大学出版社
社　　址　上海市中山北路 3663 号　邮编 200062
网　　址　www.ecnupress.com.cn
电　　话　021 - 60821666　行政传真 021 - 62572105
客服电话　021 - 62865537　门市(邮购) 电话 021 - 62869887
地　　址　上海市中山北路 3663 号华东师范大学校内先锋路口
网　　店　http://hdsdcbs.tmall.com

印 刷 者　上海景条印刷有限公司
开　　本　787 毫米×1092 毫米　1/16
印　　张　19.25
字　　数　297 千字
版　　次　2019 年 3 月第 1 版
印　　次　2023 年 12 月第 4 次
书　　号　ISBN 978 - 7 - 5675 - 8673 - 4/G·11742
定　　价　52.00 元

出 版 人　王　焰

丛书总序

迈向 3.0 的学校课程变革

学校课程变革有三个层次：一是 1.0 层次。这个层次的课程变革，以课程门类的增减为标志，学校会开发一门一门的校本课程，并不断增减，这是"点状"水平的课程变革。二是 2.0 层次。处在这个层次，学校会围绕某一特定的办学特色或项目特色，开发相应的特色课程群。在一定意义上，这个层次的课程变革是围绕办学特色的"线性"课程设计与开发水平。三是 3.0 层次。此层次，学校课程发展呈"巢状"，以多维联动、有逻辑的课程体系为标志，将课程、教学、评价、管理以及师生发展融为一体，这是文化建构与创生层次的课程变革。

当前，碎片化、大杂烩的学校课程变革普遍存在。具体表现如下：

一是不贴地。没有学校课程情境的分析，空降式课程开发，不基于学校实际，没有在地文化意识，不关注孩子们的学习需求，为了课程而课程。

二是无目标。不少学校的改革是为了课程而课程，课程建设不是基于育人目标的实现，脑中没有育人意识，眼中没有育人目标，育人目标与课程目标不能很好地实现对接。

三是无逻辑。没有学校课程的顶层设计或整体规划，学校课程建设只是一门一门的校本课程的累加，处于"事件"状态，没有形成"整体"气候，没有"体系"意识。没有基于学校的办学理念提出自己的课程理念，办学理念与课程理念一致性比较弱，更别谈基于理念的课程设计、实施与评价的"连结"或"贯通"了。

四是大杂烩。学校虽然开发了很多课程，但对课程没有进行合理的分类，课程之间的关联性与结构性比较弱；杂乱无序的"课程碎片"以及随意拼凑的"课程拼盘"，很难发挥课程的整体育人效果。

五是不活跃。课程实施方式单一，以课堂教学为主渠道，以学科学习为主范域，以知识拓展为主追求，辅之以兴趣小组、社团活动，对户外学习、服务学习、综合学习、动手操作等方式用得很少。

六是无评价。没有课程认证与评估，课程开发随意性比较大；课程设计没有具体评价考虑，课程实施效果没有评价支撑，其结果不得而知。

七是弱管理。基于现实因素，中小学对教学管理是抓得很紧的，但因课程开发对学校来说只不过是"锦上添花"的东西，所以大多数学校的课程管理都比较弱，基本不受重视。从现实情况看，中小学教师普遍没有课程意识、课程开发能力比较弱，更不懂得如何管理课程，课程资源意识也比较淡。

八是低关联。学校课程的各要素之间关联度低，如学校课程建设没有触及课堂教学改革，课程建设与教学有效性的提升没有关系；中小学真正参与课程建设的积极性普遍不高，他们内心觉得"课程开发浪费时间"，"对提高教学质量没有用"，课程开发在很大程度上还只是行政推动或为了所谓的"办学特色"而已。

林林总总，中小学课程改革的细节问题很多，很值得我们关注。教育部《关于全面深化课程改革，落实立德树人根本任务的意见》指出：中小学课程改革从总体上看，整体规划、协同推进不够，与立德树人的要求还存在一定差距。主要表现为：课程目标有机衔接不够，课程教材的系统性、适宜性不强，与课程改革相适应的评价制度不配套，课程资源开发利用不足，支撑保障课程改革的机制不健全等。因此，更深层次地说，迈向3.0的学校课程变革是"立德树人"的深切呼唤。

根据笔者多年的观察与研究，对中小学而言，3.0的学校课程有以下基本特征：一是倾听感，聚焦"原点"，关注学生的学习需求；二是逻辑感，严密的而非大杂烩或拼盘的；三是统整感，更多地以嵌入的方式实施而非简单地做加减法；四是见识感，以丰富学生的学习经历而不以知识拓展或加深为取向；五是质地感，课程建设触及课堂教学变革，教学有效性的提升倚赖课程的丰富与精致。

在迈向3.0的学校课程变革旅途中，中小学可以推进以下六个"关键动作"，扎实、深入推进学校课程变革，形成学校课程变革架构，创生学校文化特色。

第一个关键动作，把儿童放在课程的中央，关注儿童的学习需求与兴奋点。

3.0 课程是以学习为中心的课程。捕捉孩子们的兴奋点,点燃孩子们的学习热情,满足孩子们的学习需求是学校课程变革的首要议题。

学习需求是学习的动力,是影响学习品质的重要因素。在一所学校,从学习需求的主体看,我们应关注这样三类学习需求:一是所有孩子的共同学习需求,二是一部分孩子的团体学习需求,三是一个特定孩子的个别化学习需求。学校如何采取合理的方式,识别、发现、回应、满足、引导学生的学习需求,促进学生发展,是学校课程发展的关键。从学生学习需求的动态发展变化过程去分析、研究学生的学习需求,在学生学习需求的满足与不满足的动态平衡中去研究学校课程架构才有实际意义。在"回归"意义上,学校课程建设把学习需求放在中央,是以学生发展为本的教育理念的具体反映。

学习需求分析是一个系统化的调查研究过程。我们要通过调查全面了解学生的实际情况。调查的对象可以是群体,如一个班级或教师任教的几个班级、一个年段甚至更广;也可以是个体,如某个特别的学生或两个对比的学生。具体调查方法有问卷调查、访谈座谈、测试调查、案例分析、典型跟踪等。不管哪种方法,主要目的是收集相关数据,整理、分析、判断、发现学生现状中存在的问题,并找出问题产生的原因,以便在课程设计中对症下药,确定解决该问题的必要途径。

当然,我们也要注意区分哪些需求是必须满足的,哪些需求不是非满足不可的,哪些需求是需要引导和调整的。杜威说:教育即经验的改造。面对孩子们,我们要思考的是:是不是所有的经验都可以进入课程?怎样的经验具有满足孩子们学习需求的属性呢?实践证明,经验必须满足以下两个条件才能进入课程:第一,经验必须关注儿童生长,必须把儿童放在课程的中央,真正促进儿童的成长与发展;第二,经验必须具有连续性。经验仅仅新鲜、有趣是不够的,散乱的、割裂的和"离心"的经验,是没有意义的,不能作为课程的有机构成。经过设计的"经验"可以从小到大、从自我生活到公共领域。经过精心"改造"过的经验,可以很好地体现"逻辑结构"与"心理结构"的有机统一。换言之,我们的课程设计应该贴近儿童的学习需求,聚焦孩子们的生长点。

第二个关键动作,建构自己独特的"课程图谱"或"课程坐标"。

丰富的课程比单一的课程更有利于孩子们的人性丰满,这是一个课程常识。如果把课程视为书本,孩子们可能会成为书呆子;如果把课程视为整个世界,孩子们可能会拥有驾驭世界的力量。

课程是一个可延伸的触角。让课程更好地链接生活、链接活动、链接管理以及一切可能的要素，让学校课程纵横交错，能够真正"落地"，这是迈向3.0课程变革的关键手法。

为此，每一所学校都应致力于建构自己独特的"课程图谱"或"课程坐标"。在横向上，将学校课程按照一定的逻辑进行合理的分类；在纵向上，将学校课程按照年级分为不同层级，形成一个适应不同年龄阶段孩子的课程阶梯。具体地说，在横向上，重构学校课程分类，让孩子们分门别类地把握完整的世界之奥秘；在纵向上，强调按先后顺序，由简至繁、从已知到未知、从具体到抽象，保持课程的整体连贯。这样，我们就可以形成天然的、严密的学校课程"肌理"，让课程有逻辑地"落地"，有利于克服课程碎片化、大杂烩问题。

总之，如何按照一定的逻辑，理顺学校课程纵向与横向关系是学校课程变革需要审慎思考的问题。让课程真实地存在于特定学制之中、特定年级之中、特定班级之中，让每一位教师可以看到自己在学校课程图谱中的位置，每一个家长可以更清晰地知道自己的孩子在学校将学习什么，未来将发生什么，学校将把孩子们引向何方……一句话，课程是动态的课程，而不是静止的名称。

第三个关键动作，具身学习成为课程最核心的实践样式。

真正的学习应是具身的。换言之，只有个体亲身的经历和体验才称得上是学习。课程从本质上说是一种经验。说白了，课程就是让孩子们体验各种经历，并由此将知识以及其他的各种可能转化为自身的经验，实现自身的"细微变化"。

3.0的学校课程表现出这样两个特点：一是突出孩子们在课程设计、实施与评价中的主体地位，让他们在课程中释放激情；二是从孩子们的角度出发设计课程，以孩子们喜欢的方式实施、评价以及管理课程。这样，课程不是外在于孩子们的，孩子们本身就是课程的设计者、实施者和评价者。

培根说，知识就是力量。这话只说对了一半，确切地说，具身的知识比离身的知识更有力量，能够勾连起想象力的知识比无想象力的知识更有力量，有繁殖力的知识比无繁殖力的知识更有力量，成体系的知识比碎片化的知识更有力量，被运用的知识比没有得到运用的知识更有力量。课程是有设计、有组织的经验系统。在这里,见识比知识更重要,智识比见识更有价值。

在课程实施过程中,让孩子们采用多样的、活跃的学习方式,如行走学习、指尖学习、群聊学习、圆桌学习、众筹学习、搜索学习、聚焦学习、触点学习……但凡孩子们生活世界里精彩纷呈、活跃异常的做事方式,就是课程实施的可能方式,而不仅仅是所谓的概念化了的"自主、合作、探究"。杜威说:"一切学习来自经验。"实践、沉浸、对话、互动、参与、体验是课程最活跃、最富灵性的身影,也是课程实施的最重要的方法。重视孩子们直接经验的获得,通过一系列的实践活动,扩充和丰富孩子们的经验,是3.0课程的重要表征。

第四个关键动作,课程不再是"孤军作战",关联与整合成为课程实施的常态。

关联与整合是3.0学校课程变革的关键特征之一。关联与整合强调要以各学科的独立性为前提对课程内容进行多维、多向的组织。这就意味着,我们要打破学科的固有界限,找出课程要素之间的内在联系,关注知识的应用而不仅仅是知识形式,强调内容的广度而不仅仅是深度。在整合的基础上,加强各个学科之间、课程内容和个人学习需求之间、课程内容和校外经验之间的广泛联系。

一般地说,课程整合有两种常见方式:一是射线式整合,即以学科知识为圆点,根据知识的内在逻辑联系而进行多维拓展与延伸;二是聚焦式整合,即以特定资源为主题,根据学习者的兴趣或经验,以加强孩子们与社会生活的多学科、多活动的关联与整合。从表现形式来看,既有"学科内统整",又有"学科间统整";既有"跨学科统整",又有"学科与活动统整"以及"校内与校外统整"等。

课程是浓缩的世界图景。3.0的课程是富有统整感的课程,是多维连结与互动的课程。不论是学科课程的特色化拓展,还是主题课程的多学科聚焦,都应尽可能回到完整的世界图景上来,努力将关联性与整合性演绎得淋漓尽致,让孩子们领略世界的完整结构。

第五个关键动作,学校弥漫着浓郁的课程氛围,自觉的课程文化是变革的结晶。

课程保障条件的落实、课程氛围的营造以及学校文化的自觉生成,是3.0课程变革的重要组成部分。中小学如何落实课程保障条件、让学校课程氛围浓郁起来?有两点建议值得一提：

一是主题仪式化。孩子们对于节日的喜爱源自天性，几乎没有孩子不喜欢"过节"。每个学期开始前，学校可以集体策划、共同商讨本学期的主题节日。如学校可以推出热火朝天的"劳动节"，引导着孩子们动手动脑，学会观察，搞小研究，孩子们以"种植"为主题，选择不同的植物作为研究对象；可以设计绚烂多彩的"涂鸦节"，针对不同年级开展不同的涂鸦活动，以生动有趣的形式来展现审美情趣，表达情感，激发孩子们的创意，让他们增进环保意识；可以创造生机盎然的"花卉节"，带着孩子们走进大自然，感受花卉的美丽绚烂，搜索和花相关的各种诗篇、成语、民间故事，增长见识的同时提升审美情趣；可以拥有别开生面的"晒宝节"，孩子们在全家的支持下开始搜索各种宝贝，如独立寻找自己的钢琴考级证书，在家人的帮助下寻找爸爸、妈妈小时候的照片，奶奶钟爱的缝纫机，爷爷的上海牌手表等。当然，我们还可以生成趣味无穷的"游戏节"、传递温情的"爱心节"、开阔眼界的"旅游节"……对于孩子们来说，校园节日是难能可贵的课程。

一句话，学校精心准备、周密策划，充分发挥全体教师的智慧与才干，开发具有时尚、艺术、娱乐等元素的、孩子们喜欢的校园节日，将德育活动通过一个个校园节日展现出来，让丰富多彩的节日活动吸引孩子们，让浓郁的课程文化给孩子们的校园生活留下美好的回忆。

二是空间学习化。迈向3.0的课程善于发现空间的"意义结构"，它常常以活跃的空间文化布局诠释"空间即课程"的深刻内涵。现在，我们有很多学校已经意识到了"空间课程领导力"的价值。诸如以下一些做法都是值得我们赞赏的：1. 办学理念视觉化、具象化，充分展示一所学校的文化气质；2. 办学特色课程化、场馆化，让办学特色成为课程美学；3. 教室空间资源化、宜学化，让每一间教室都释放出生命情愫；4. 图书廊馆特色化、人性化，让沉睡的图书馆得以唤醒；5. 食堂空间温馨化、交往化，让喧闹的餐厅不仅仅可以就餐；6. 楼道空间活泼化、美学化，让孩子们转角遇见另一种美……如何最大限度地让校园空间成为课程的有机组成部分，如何最大限度地让每一个物理空间释放教育能量，如何突破教室和校园围墙限制，让社区、大自然和各种场馆成为课程深度推进的生命空间，是3.0课程的美好期待。

这意味着,我们应当超越对空间的一般认知,重塑空间价值观念,提升空间课程领导力。通过设计、再造、巧用空间的"点、线、面、体",促进学校课程深度变革。我们应从实践美学的视角,重新发现学校空间的课程内涵,清晰定位学校的办学愿景、办学理念、内涵特色和育人目标,把无形的教育理念转变为有形的课程空间,通过深入分析学校的内涵发展、办学特色、课程理念,以及学生的多元学习需求,研究不同课程教学活动对空间的功能诉求,从物理设施、学习资源、技术环境、情感支撑和文化营造等维度上,对空间功能进行整体再构和巧妙运营,将课程理念转变为看得见的空间课程,让空间最大程度地满足不同学生的多元化发展需要。

总之,课程是一种文化范式。推动基于课程向度的仪式创意与空间设计,关注学习方式的多变性和场景性、学习时间的灵活性和可支配性、学习空间的多元性与舒适性、学习资源的丰富性和易得性,让所有的时空都释放出教育价值,让所有的时空都成为课程场景,让孩子们学习作品的形成、展示、发布、分享成为校园里最美丽的景观,让时空展示出生命成长的气息和活性,这是3.0课程的美好图景之一。

第六个关键动作,聚焦儿童的成长与发展,让课程表现出鲜明的回归属性。

3.0课程变革具有鲜明的回归属性:无穷点的多维连结聚焦到人的完整发展与灵性生长,回归到"教育即解放"这一"原点"上。

众所周知,课程与儿童的关系是一个既古老又年轻的话题。说它古老,是因为自从有了学校教育,有关课程与儿童的讨论便应运而生,历史上每一次课程改革都必然伴随着儿童观的思考;说它年轻,是因为随着时代的发展,这个问题会表现出新的形态与新的内涵。可以说,"让课程回归儿童"是3.0课程的必然选择。

当前,我们有很多学校在处理课程与儿童的关系问题上显示了高超的艺术与纯熟的智慧:课程目标设计过程凸显内在生长的视角,课程内容设计方面突出课程内容的生命活性,课程结构把握强调纵横交错的系统思维,课程实施探索强调具身学习的人本立场,课程评价与管理彰显儿童的主体地位。

课程即独特的生命体验。一百个孩子,一百个世界。每一个孩子对世界的认识都不一样,课程就是要认可每一个孩子的生命体验,并尊重他们的选择和体验。课程也是可选的发展标志。每一个孩子都有自己的发展高度,每一段路都是一个人生标杆,每一段经历都是一个人生标杆。课程就是要依据孩子的不同实际，开发适合他自己的独特的"生命图景"，让课程真正回归儿童。

　　说到这里，不由地想起美国课程学者小威廉姆 E·多尔提出的以 Rich（丰富性）、Recursive（回归性）、Relational（关联性）和 Rigorous（严密性）的"4R"课程设计理路，让学校课程变革更符合生命成长的诗性节律。我的推想是，迈向 3.0 的学校课程变革是不是在践行"4R"的课程追求呢？是不是在推进基于文化自觉的课程变革呢？答案是肯定的！

杨四耕

2016 年 11 月 15 日于上海市教育科学研究院

目录

　　　　语言,妙不可言。它迸发了观点,孕育了思想。语言是一扇窗、一条纽带,经由理性的交谈,优雅的用语,我们互相沟通,彼此学习,掌握知识,欣赏美丽,了解世界,进入彼此的心灵。

第二章　思维，智慧的原点　/ 041

思维是将外部知识内化为自身独特智慧的过程，是通过智慧复归智慧的过程。可以说，思维，是智慧的集成。用演绎推理和归纳提炼等思维样式，让儿童去展开一段充满变化和发现的旅程，感受思维的唯美。

第三章　探索，梦想的星空　/ 071

假如当年牛顿对落下的苹果视而不见，就不会有万有引力的发现；假如瓦特当时未对壶盖的顶起与落下产生兴趣，蒸汽作用的发现可能还会延后许多年。让我们引领儿童探索未知，激发好奇，感受美好！

第四章　艺术，生命的美学　／113

生命不止眼前的苟且，还有无数美的瞬间。徜徉在艺术的海洋中，沉浸于乐曲、舞蹈、书法、茶道之意境，在声色之间、动静之间，发现生命细微之处的美好。这就是艺术的可贵。

第五章　健康，永恒的命题　/ 181

　　　健康是人生永恒的命题！健康不仅是个体持久发展的动力源泉，更是孩子们实现梦想的基本条件。鼓励儿童走向运动场，走到阳光下，让他们拥有健康的身心，是学校教育的使命。

第六章　人文，品格的涵养　/215

人文是浸润在每个人血脉里的文化基因，它能唤醒我们心底最亲切、最温暖的文化记忆。引导儿童从学校走向社会，历事练心，让他们在生命情感的体验中增长见识、陶冶性情、滋养心灵。

前　言

教室盛不下梦想

　　我国基础教育课程改革取得了巨大成就,但其中还有许多有待完善之处。原有课程中固有的知识本位、学科本位问题还没有得到根本解决,课程远离学生实际生活的现象普遍存在。

　　黄浦区作为上海历史最悠久的中心城区,有着丰富的课程资源,拥有一大批著名的历史人文地标、现代城市景观、特色商业街以及爱国主义教育基地等。近些年来,黄浦区教育局提出的"办学生喜欢的学校"的教育理念,引领着基层学校从学生的发展需求出发,提高学生的学习生活质量。

　　徽宁路第三小学地处老城厢,始建于 1961 年 8 月,是一所市新优质项目学校、区艺术教育特色学校、市体育传统项目学校和心理健康教育实验学校。学校以"让每一个孩子成为一生的追梦人"为办学理念,提出了"有梦想、慧学习、善合作、乐生活"的育人目标。期望通过特色课程的建设,整合学校的办学特色,努力打造学生喜欢、社会满意的"梦想学校",引领学生做一生有梦、一生追梦的人。

一、蒲公英课程：美好的课程愿景

　　"让每一个孩子成为一生的追梦人"是我校的办学理念。我们认为,学校有责任、有义务关注每一个孩子,为每一个孩子的梦想实现、快乐成长助力。由此我们提出了"每一个梦想都精彩"的课程理念。它的基本内涵包括以下两层:一是学校课程必须面向全体学生,努力点燃所有学生的梦想。所有课程的开发与实施都必须以绝大多数学生的需要为中心,要为每一位学生创造学习的机会、提供拓展的平台,让每一位学生都得到充分的发展。二是每一位学生都具有特殊性。每一位学生都是独立的个体，都有自己的个性和梦想。我们的课程必须解放孩子的天性，保护孩子纯真的童心和多样的个性，帮助他们发掘自身的优势潜能，并得以扩大和提升，使其个性特长得以充分鲜明地发展。

我校的课程模式以"蒲公英"命名，是基于其丰富、积极的内涵："蒲公英"的花语是充满朝气、顽强生长、追逐梦想，寄寓着我校"让每一个孩子成为一生的追梦人"之办学愿景；"蒲公英"是一种平民化的植物，我们的课程则以"37件事"为载体，源于学生的愿望、基础型课程的相关学习内容、以往比较成功的校园文化活动、社会实践活动，符合学生年龄特点，贴近学生生活；"蒲公英"的价值广泛，我们的课程以"为学生提供丰富的学习经历，满足孩子多元发展的需求"为价值追求。

基于学校实际，我们提出了"有梦想，慧学习，善合作，乐生活"的育人目标，简要描述如下：

育人目标	简 要 描 述
有梦想	始终拥有梦想，敢于表达梦想，不断追逐梦想，有克服困难的勇气和力量，积极向上，持续进步。
慧学习	勤于学习、敏于求知，拥有扎实的学习基础和广泛的兴趣，有良好的学习动机和学习习惯，掌握科学的学习方法，乐于思考，勤于探索，敢于质疑，勇于创新，能够把学习所得运用于社会生活中。
善合作	能与别人友善相处和交往，能与不同文化背景的人进行平等交流，有与人合作的意愿，懂得社交技巧与合作方法。
乐生活	热爱生活，有广泛的兴趣爱好和良好的生活习惯；自信向上，悦纳自己，学会微笑、感谢与赞美；学会情绪管理，自强不息、积极进取；乐于参加各类文体活动和社会实践活动，体质强健；掌握必要的生活技能和面对危险逃生自救的技能。

基于学校育人目标和课程理念，学校确立了涉及"道德"、"能力"、"情意"三个领域的课程目标。下表为我校分年段的课程目标及具体表现：

课程目标	不同学段的具体表现		
	低年级	中年级	高年级
积极向上有梦想	心中拥有梦想，敢于表达梦想，能通过自己的努力和他人的帮助尝试实现梦想，体验梦想实现的快乐。	始终拥有梦想，不断追逐梦想，有克服困难的勇气和力量。	有积极向上、持续进步的热情，不怕失败，向着梦想不断努力。
身心健康乐生活	有基本的生活自理能力。身体发育良好。至少有一项喜欢的体育运动。	养成良好的生活习惯。掌握必要的生活技能及面对危险逃生自救的技能。视力达标，体质强健。至少有两项喜欢的体育运动。	热爱生活，兴趣广泛，乐于参加各类文体活动和社会实践活动。有体育精神和规则意识。掌握一定的社交技巧与合作方法。形成并发展积极的人生态度。
成志于学尚智慧	有一定的学习兴趣和学习自信心。自觉养成良好的学习习惯。	勤于学习、乐于思考，有良好的学习动机和学习习惯。能主动将学习方法运用到学习中去。	拥有扎实的学习基础和广泛的兴趣。能够主动把学习所得运用于社会生活中，做到知行合一。
会爱包容有情怀	爱家人，爱老师，爱同学，爱班级，爱学校。拥有自信，学会欣赏。	爱社区、爱家乡。有为他人和集体服务的意愿。能和别人友善相处和交往。懂得感恩，乐于助人。悦纳自己，友善乐群。学会情绪管理。自强不息，积极进取。	爱国家、爱民族。自尊自重，自立自强。有为社会服务和奉献的公益精神，有社会责任感。有较开阔的国际视野，能够理解、尊重、包容多元文化，能与不同文化背景的人进行平等交流。
情趣高雅会审美	向往与追求美好形象和美好事物，能够感知美、体验美。	自觉接受生活、自然、科学、艺术中的美的熏陶，能够发现美、理解美，自觉做到语言美、行为美。	主动传播美、发展美、创造美，提高自身的精神境界和审美品质，努力做到心灵美。
学会改变勇创新	喜欢动手动脑。主动学习解决问题的技能。乐于挑战自己，大胆尝试，不怕困难。	面对生活中遇到的困难，有积极改变的意愿，并主动运用所学知识尝试解决实际问题。	勤于探索，敢于质疑，具有批判性、创造性思维以及创新实践能力。

二、框架设计：有逻辑的课程变革

在学校办学理念和育人目标确定之后，如何进一步通过课程转化彰显学校的办学特色，形成富有学校特色的课程模式？

通过研究，我们梳理了"蒲公英课程"的内涵、理念与目标，形成了有本校特色的课程模式；设计与开发"蒲公英课程"框架下的"12 岁以前应该要做的 37 件事"综合活动课程，建构具有校本特色的课程体系；探索"12 岁以前应该要做的 37 件事"综合活动课程的实施途径与评价方式，形成比较完整的综合实践活动课程框架。

依据美国学者霍华德·加德纳的多元智能理论，我们着力构建与学校课程文化内涵相匹配的、保障每个学生发展的"蒲公英课程"。将"1 + n"学科课程群、研究型课程、"盘盘大转"兴趣类拓展课程和"12 岁前应该做的 37 件事"特色课程统整起来，形成学校课程体系，让课程真正成为孩子们放飞梦想的乐园。由此，学校将课程内容框架设置的类别确定为：

1. 语言与交流课程：具体包含语文课程群、英语课程群等语言智能类的课程。其功能是引导学生在信息沟通中正确使用语言交流这一人类最直接最重要的交际工具，提高学生在社会生活的各个领域中的交往能力，以适应现实生活和自我发展的需要。

2. 逻辑与思维课程：具体包含数学课程群等逻辑-数理智能类的课程。其功能是训练不同年龄学生的空间想象思维能力、推理能力，培养学生的数理-逻辑智能和学科综合运用能力。

3. 科学与探索课程：具体包含自然、信息技术、劳技等课程。其功能是调动学生多种感官学会观察、辨识、分类和操作。关注周围生活和环境中的常见现象，发现其中的奥妙，培养自然观察智能，进行必要的探究创新，形成一些新的结论。

4. 运动与健康课程：具体包含体育课程群、心理辅导课程群等课程。其功能强调运动参与、运动技能、身心健康和社会适应四个方面是一个相互联系的整体。加强校内外运动，在多样的体育与健身课程中，训练运动技能，学习支配自己的身体，培养运动智能。提供心理课程群让学生能多角度地看待事物，能更好地理解他人、自我认知、自我提升。

5. 艺术与审美课程：具体包含唱游/音乐课程、美术课程、综合艺术课程群等课程。其功能是培养学生的欣赏、审美能力,从而提高学生的综合素养,积累深厚的艺术文化底蕴,发挥个性特长,激发学生对艺术的热爱之情,引导其提出独特的见解。

6. 自我与社会课程:具体包含道德与法治课程等。其功能是充分发掘德育资源,在此基础上将校本德育资源系列化、显性化,让学生走近社会、学习知识、开阔眼界。培养学生的团队协作精神,提高学生的综合素质,促进学生形成以良好品德为核心的社会性发展。

其中,"12 岁以前应该要做的 37 件事"是"蒲公英课程"框架下具有学校特色的综合活动课程。学校在整体架构"蒲公英课程"的基础上,重点设计和开发了"37 件事"综合活动课程。我们觉得,"37 件事"的设计与开发能较好地体现学校的课程理念,践行学校的育人目标。

我们围绕课程目标,把学校三类课程、以往比较成功的校园文化活动、社会实践活动和主题教育活动等进行梳理,结合学生的心愿,设计了"12 岁以前应该做的 37 件事"之综合活动课程内容,课程内容设置如下图:

"12岁以前应该要做的37件事"课程结构图

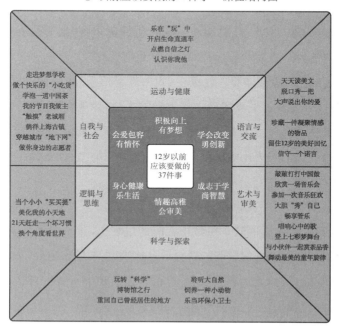

我们依据多元智能理论进行课程分类,明确开发意图。开发意图对接学校的育人目标。比如:参加一场音乐狂欢等3门微课程以音乐智能培养为主,通过一系列艺术实践活动,让学生探究、发现音乐的魅力,体验和表达自身的情感,培养对音乐的持久兴趣,达成"乐生活"的育人目标。

三、课程实施:活跃的学习图景

"37件事"中的每一件事就是一门微型课程。课程的开发和实施以项目化的方式进行。

1. 我们制定课程"双表",支持课程有序运行。由于课程内容不同,课程实施的年级、时段、课时数和实施途径都会有所不同,我们设计的"37件事微课程实施序列表"和"课程实施细目表"为学校"37件事"活动课程的有序运行提供了支持。

"37件事微课程实施序列表"是37个微课程在课时安排、实施年级和时间、实施途径上的总体布局图,一个年级一份,由学校课程办编制,它建立在"课程实施细目表"的基础上,方便课程办对"37件事"课程实施日常管理和协调。

2. 我们推行项目合作,促进课程有效实施。我们倡导合作前提下的项目化管理。每一年课程的实施者在调整,但是项目负责人不变,在项目负责人的主持下,新的项目团队以"微课程学习包"为蓝本,启动新一轮的项目合作,在此基础上对"微课程学习包"进行进一步的调整,保障课程在有效实施中逐年优化。

3. 我们结合生活,关注体验。杜威在《我的教育信条》中强调:"学校必须呈现现在的生活,即对于儿童来说是真实而生气勃勃的生活,像他在家庭里、在邻里间、在运动场上所经历的生活那样。"未来儿童的幸福生活是以儿童今天幸福的教育生活为基础的。教育的最终目的是为儿童培养未来幸福生活的能力、就业谋生的能力、终身学习的能力。

因此,在"37件事"综合实践课程的实施之上我们强调生活化,将生活作为课程的来源和目的,时刻关注学生体验。在课程实施的过程中,孩子们漫步场馆、走进社区、制作美食、体验游戏、设计书房、饲养动物、看自然景观、看城市建设……课程被设计成多样化的体验机会。我们鼓励学生多参与活动,在活动中多展示自己,让他们快乐地学习,在学习中体验快乐。

4. 我们凝聚特色,强调整合。每个人都是知情意行的综合体,人生活的未来世界也具有综合性,未来的教育也越来越强调项目学习、主题学习,呈现出综合、整体育人的态势。因此,"37件事"课程的实施我们强调整合。我们将"37件事"与学校的学科课程整合、与丰富多彩的校园文化活动整合、与家庭教育整合、与学校办学特色整合……比如:"37件事"中的"大声说出你的爱"、"我的节日我做主"、"实现一个梦想"、"大胆秀自己"课程的原型就是原来各年级的主题活动。"博物馆之行"和社会实践活动结合,"天天读美文"、"玩转科学"、"乐在玩中"和学校的读书节、科技节、体育节结合,"开启生命直通车、拥抱'青春期'"和生命教育结合,"吹拉弹唱学才艺"、"欣赏一场音乐会"、"参加一次音乐狂欢"和音乐学科以及学校艺术教育的办学特色结合,"原谅我的小过错"、"学会说不"和心理健康教育课结合,"饲养一种小动物"和自然学科的长周期作业结合,"准备做个小学生"就是我们一年级学习准备期实施内容的课程化。

例如:为了培养学生的公共安全意识,提高学生面临突发事件自救自护的应变能力,学校开发了"开启生命直通车"综合活动课程。

这个课程充分体现了课程的整合性,我们将培养目标无痕渗透在德育、品社、体育、自然、信息、探究六大领域,我们利用班队会、晨会课组织公共安全竞赛活动,结合各年级社会实践组织参观消防博物馆和公安博物馆,利用社区资源请消防中队干警进学校进行火灾逃生指导与演练,让学生体验快速穿脱消防服和逃生打结法,品社课上组织学生对自己家庭的安全用电、燃气、防火进行小调查,体育课、自然课上教学生校内活动时的自我保护,信息与探究学科指导学生设计安全标志牌……通过多学科的整合,提高学生的公共安全意识和自救自护能力。

5. 我们方法灵活,形式多样。"37件事"强调尊重每个学生的梦想,满足不同学生的发展需求。我们针对"37件事"的具体特点设计了21种学习方式,学生可以选择运用:"走一走",漫步场馆、走社区、游故居、逛文化街、信步乡村田园,在行走中累积知识的厚度;"看一看",看自然景观、看城市建设、看人文生活、发现自然之美、感受时代变迁;"说一说",说心愿、讲故事、谈感受、表谢意,和师长伙伴分享成长感悟;"做一做",用灵巧的双手进行DIY,做游戏、做美食、进行环保分类、做志愿者、做动物的朋友等等,在体验中感悟生活、培养爱心和社会责任感……这些方法融合了自主、合作、探究,不同的活动选择不同的方法，每件事情也可以组合运用多种方法，有利于丰富孩子们的学习经历。

根据课程内容我们提供了多样化的实施途径丰富学生的学习体验。比如：我们以"坐地铁，学礼仪，会生活"为课程目标开发了"穿越城市'地下网'"这门微课程。我们设计了一个个活动任务，通过语文课、美术课、品社课、和亲子活动等途径来实施课程。孩子们在晨会课上"选一选感兴趣的活动景点"，在电脑课上"画一画最快捷的地铁出行路线"，在品社课上"写一写乘坐地铁的宣传标语"，通过亲子活动"乘一乘地铁体验便捷的购票方式、感受转乘换乘抵达目的地的快乐"、"拍一拍记录下自己活动的身影"、"看一看地铁的历史和发展"，在语文课上"写一写体验过程中的点滴体会、将所见所闻与伙伴分享"……整个活动过程，孩子们可以和小伙伴、家长、老师交流合作，需要走向社会与人沟通，在完成活动任务的过程中，达成了"坐地铁，学礼仪，会生活"的课程学习目标。

四、多元的评价：提升课程品质

特色课程评价的内容涉及方方面面。从纵向上来讲，包括校本特色课程开发情境和目标定位的评价、对校本特色课程实施过程及实施效果的评价；从横向上来说，包括对课程方案本身的评价和教师课堂教学评价以及学生学业成就的评定。评价的目的不是为了证明，而是为了改进和发展，为了更好地提升课程的内涵品质，更好地满足学生发展的需求。对这些内容展开合理有效的评价，是特色课程建设的重要内容之一。

在"37件事"综合活动课程的评价方面，我们遵循一事多评的原则。针对课程中"37件事"设计的活动内容来确定适宜的评价方法：可以采用展示性评价方法，也可以采用纸笔测验方法；可以采取真实性评价方法，也可以采取虚拟性评价方法；可以融评于学、以评促学，还可以建立由学生、家长、教师、学校和社会等共同参与的评价机制，实现评价主体的多元化，让孩子们的闪光点得到充分显现。

"一事多评"是"37件事"活动课程的评价原则。评价的目的是发展。在"37件事"的评价之上我们坚持多角度、多方法、多主体。我们认为，评价可以从学生自身能力的提升、某一个过程的点评、作品的评选等等多个角度进行。课程评价方法多样，在进行背景评价时可以采用调查、访谈、座谈、诊断性测验、文献法等方法。在进行过程评价时可以采用描述性评价、故事评价、个案评价、苏格拉底式研讨评定法等。在进行成果评价的具体操作时,可以采用档案袋评价、实作评价、测验法、问卷法、观察与访谈等等方法。同时,我们调动学生主动参与评价的积极性,实现评价主体的多元化,建立由学生、家长、教师、学校和社会等共同参与的评价机制。

例如:微课程"玩转科学"的内容设计把落脚点放在了人体自身器官、生活现象和常见事物变化上,让学生在玩中发现。"玩转科学"微课程我们精选并改进了二十个科学小游戏,根据孩子的年龄特点和动手能力,分别落实到各个年级,每个年级为四个游戏内容,分别是一个"师生游戏"、一个"伙伴游戏"和两个"亲子游戏",让老师、学生、家长在"玩"科学的过程中,培养孩子们动手、动脑能力,以及观察、想象、归纳推理的能力,同时建立良好的师生互动、生生互动、亲子互动的学习氛围。"玩转科学"的实施与学校的科技活动相结合,成为每年科技节的传统活动项目。在科技节里,利用自然课、课间休息时间和亲子活动等多种途径开展游戏活动。在微课程"玩转科学"的评价部分,我们非常重视学生活动成果的反馈。师生游戏中,"七嘴八舌"的任务单让学生大胆表达自己看到的现象,提出自己合理的猜想。这成了老师、同学评价的依据。亲子游戏中,根据不同年龄学生的能力不同,用不同的形式记录下他们游戏的成果。比如,一、二年级学生用照片、视频记录下自己在玩科学游戏中的精彩瞬间,兴奋、疑惑、喜悦在一张张照片中展露无遗。视频中,孩子们有模有样地介绍游戏步骤,此时的家长成了"学习者";游戏后,家长与孩子们你一言我一语讨论起游戏中的奥秘。三年级学生用电子小报的形式,记录下自己游戏中的发现与感悟;四、五年级的学生则是用游戏报告形式再现游戏现场。他们中有些孩子不仅用学生手册中的材料进行游戏,还合理替换了游戏器材。有些孩子则在实验报告中引用相同原理的科学游戏内容,在丰富自我之余,也拓展了伙伴们的知识体系。

一张照片、一段视频、一份小报和游戏报告,无不展现出每个家庭其乐融融的幸福场景,以及家长与孩子的智慧。自然课上这些作品也得到展示,老师已经不是评价的主体,因为伙伴们会给作品的主人提出宝贵的意见,同时给自己认同的作品投上神圣的一票。家长也是课程实施中评价的主体之一,他们不仅对自己孩子的表现进行评价,还对我们的课程设计有着独到的评价:"这些探究游戏易操作,让我们家长也学会了许多科学知识。""学校为我们搭建这样一个舞台，让我们和孩子的关系更加亲密了。""在玩游戏过程中，我发现自己的孩子原来这么能干。"

同时，"融评于学，以评促学"是"37件事"综合活动课程中经常采用的评价方式。课程为学生创造了各种各样的学习与评价的机会，融评价于学习中，以评价来促进学习，并以此为基础促进学生学习方式的转变与个性的发展。

"融评于学，以评促学"是微课程"做个快乐的小吃货"主要采用的评价方式。课程创造了各种机会让学生开展独立学习和合作学习，让学生以自己的认知方式表现自己对学习内容的理解，发表自己的观点，相互切磋和合作建构。

比如：在"找美食"环节，孩子们可以独立选择自己感兴趣的美食进行研究。通过采访他人、上网查询、实地考察、翻阅资料等方式获取关于美食的信息，然后和家长合作，对收集到的美食信息进行处理，用自己的语言简单描述美食的特点和由来，设计一份由"名称、特色、由来、价格、代表商家、体验地点和推荐人"等要素组成的"美食攻略"，用文字记录自己的学习收获。在"说美食"环节，孩子们和伙伴合作，说一说小吃的用料、特色、价格、品尝地点及交通方式，讲一讲特色小吃背后的小故事，用上海话唱一唱有关上海特色小吃的童谣，用语言与伙伴分享自己的学习收获。在"尝美食"环节，孩子们既可以用照片记录下自己品尝美食时的欢乐心情，也可以用文字记录下自己喜欢美食的理由。在"做美食"环节，孩子们和老师、伙伴合作，完成美食的制作，给自己制作的美食拍照留念，参加班里的"美食作品展"……

一份攻略、一次分享，几张照片、一场作品展，将课程评价无痕融入到孩子们学习的全过程，让孩子们通过课程的学习了解上海的饮食文化，激发探究饮食文化的兴趣，提高收集和处理信息、合作沟通、动手实践的能力，增进亲子感情。

五、课程领导：保障课程落实到位

学校特色课程的开发是一项科学规范的系统工程，必须建立由校长、专家、教师、学生、家长等组成的课程领导共同体，这是课程建设的重要保障。课程领导共同体成员相互尊重、相互依存，人人都是课程领导者，都是课程领导的主体。

课程领导共同体的主体是多元的，在课程开发中行使各自的职责和任务。

校长是学校课程开发的主要决定者和第一责任人。在课程管理中，其职责是根据国家教育目标和学校的办学思想,维护校本课程计划和课程标准的严肃性,监督和评估校本课程实施过程,发布校本课程质量信息。校长是课程领导共同体的核心,是上级有关部门的沟通者,是教师、社区等方面的联络者。校长的课程领导力直接影响了校本课程的开发质量和实施效果。

课程专家是课程开发的指导者和研究者。帮助学校确定课程目标,形成校本课程开发的方案。指导参与共同体开发课程,编写教材,指导学校实施课程的过程。帮助学校对教师进行专业的培训,通过教师的学习——实践——反思,不断提高教师的校本课程的开发意识和能力。

教师是校本课程开发与实施的主导力量。教师对课程的有效实施、学生的学习质量评定具有专业自主权,同时对课程目标的实现、学生的发展承担主要责任。在课程实施过程中,教师是第一个能发现问题的人,同时教师有义务将自己实践的经验向共同体提供、分享。

学生有权选择课程的内容,有权对校本课程做出自己的评价,有权对自己所学的课程提出改进建议,也应主动配合教师完成课程任务。学生是课程的被接受者,也是参与实践的主体和评价者。开发的校本课程学生是否喜欢,共同体成员要多听学生的意见。

学生家长及有关的社区人员对学校课程应有知情权、评价权和建议权,并有责任为学校提供各种课程资源上的支持。家长参与校本课程的开发是促进学校管理民主化、科学化的途径,学校要积极发挥家长的优势,家长可以通过亲子活动参与课程的实施与评价。

课程领导共同体还包括一些与课程间接相关的社区人员,关心学校发展的热心人。学校要充分利用好这些资源,为学校课程的开发服务。

学校组建由校长任组长,教学教育分管教导、课程办主任、特长教师代表等组成的校本课程建设领导小组,由领导小组负责学校特色课程的开发、实施和管理。徽宁路三小的课程研究团队由校长室、教导处、课程办、专家组、实施组(教研组、年级组)构成。校长室是学校课程设计的指挥部,会同专家共同设计课程开发的目的、方案、课程实施的措施及管理。教导处是学校课程管理的专门行政机构,主要职责是执行、检查、评估全校各门课程及各教研组的课程教学工作,组织协调各教研组与年级组的各项工作的关系,落实各项课程管理措施。课程办要组织部分教师,根据课程开发的目的,建立以学生发展为本的校本课程开发价值取向,以学生综合素质提高为目的,以学生创新意识和实践能力培养为追求,编写特色课程。教研组或年级组要根据学校的整体安排,制定好学期及学年教学进度计划、教学研究活动计划和学生活动计划,对教师教学活动进行指导,确保完成学校课程管理的各项要求,及时反映课程实施过程中出现的问题及教师的教学需求,研究学生的实际情况,为课程管理提供依据,注重各学科教师之间的合作,以促进课程合力的形成。

六、实践出真知：课程变革的省思

通过"蒲公英课程"模式的建构,使学校整体课程丰富而不碎片化,形成能够切实达成学校育人目标的课程结构,促进办学的内涵发展。让当地文化融入到跨学科综合活动课程中,让学生走出课堂、走出校园,丰富学生的学习经历,在真实的体验中培育知行合一的人格。通过项目引领、任务驱动,让每一位教师在"蒲公英课程"的实践探索中经历"专题培训——方案撰写——课程研发——组织实施——成果撰写——专题研讨"等研究过程,提升教育理念和实践智慧。回顾这几年的研究历程,我们有许多体会和感触：

一是学校需要有逻辑的课程变革。课程是学校特色发展与文化变革的核心元素,良好的课程是富有逻辑感的课程。一所优质学校应该有自己的课程体系,应该建构一个基于特定课程哲学而组织化了的课程整体,将各课程有机地结合成一个联系紧密的、富有逻辑的"育人整体"。

二是清晰学校育人目标和课程目标,可以进一步明晰学校课程建设的方向。基于"蒲公英课程"的理念,确立了涉及"道德"、"能力"、"情意"等三个领域的课程目标,即：积极向上有梦想、身心健康乐生活、成志于学尚智慧、会爱包容有情怀、情趣高雅会审美、学会改变勇创新,并提出了课程目标分年段的具体表现,为学校课程建设的持续发展明晰了方向。

三是系统建构特色课程,解决课程碎片化问题,有利于促进学校内涵发展。学校根据"梦想教育"的办学主张,确定了"积极向上有梦想、身心健康乐生活、成志于学尚智慧、会爱包容有情怀、情趣高雅会审美、学会改变勇创新"为价值维度的课程目标,依据多元智能理论,设置了学校综合活动课程的内容框架,以"37 件事"为载体,通过设置跨学科的综合实践课程,将"37 件事"整合于三类课程中,通过三类课程、亲子活动、社会实践、主题教育活动和特色校园文化活动等途径有序实施,构建了与学校课程文化内涵相匹配的、促使每个学生发展的学校课程体系,解决了学校课程碎片化的问题,促进学校办学的内涵发展。

四是"玩"是儿童的天性,学校课程建设应该关注孩子的天性,发展学生的多元智能,帮助他们健康、快乐、全面地成长。"37 件事"内容框架的设置依据多元智能理论,每一个微课程的设计以一种智能的培养为主,比如:"脱口 show 一把"以语言智能的培养为主,"穿越城市'地下网'"以空间智能培养为主,"欣赏一场音乐会"以音乐智能的培养为主,"找呀找呀找朋友"以人际关系智能的培养为主,"乐在'玩'中"以运动智能的培养为主,"饲养一种小动物"以自然观察智能的培养为主,"原谅我的小过错"以自我认知智能的培养为主,"我是小小'买买提'"以逻辑-数理智能的培养为主……但是每一门微课程的设计同时兼顾其他智能的发展,提供给孩子多样化的自主体验机会,鼓励学生多参与、多展示自己,丰富他们的学习经历,满足他们共性学习和个性发展的需求,促进他们健康、快乐、全面地成长。

五是教师的专业修炼与课程建设相结合,有利于提升教师的实践智慧。我们以"37 件事"特色活动课程的建设为抓手,将教师的专业修炼与课程建设相结合,项目引领,任务驱动,让参与课程建设的老师都经历"专题培训——课程方案的撰写——《学生学习手册》《教师操作手册》的研发——课程的组织和实施——研究成果的撰写、发表——课程专题交流研讨"等过程。老师们参与了一个个微课程项目的开发与实施,在学习、互动、体验中锤炼了自己的课程领导力和执行力,他们寻找到了自己的课程坐标,参与课程开发的热情提高了,教育理念和实践智慧也不断得到提升。

六是特色课程建设应融入当地文化资源。当地资源有机融入活动课程,可以让当地资源与学校课程之间形成良性互动,活跃学校课程。上海的当地资源丰富。我们将当地资源有机融入到学校的特色活动课程中,成为综合活动课程的活力之源。比如:"37 件事"特色活动课程中的"博物馆之行"、"'触摸'老城厢"、"欣赏一场音乐会"、"开启生命直通车"、"做个快乐的小吃货"、"穿越城市'地下网'"、"聆听大自然"和"乐当环保小卫士"等微课程的研发中，我们努力将上海博物馆、动漫博物馆、自然博物馆、民防博物馆、昆虫博物馆、上海音乐厅、大境古城墙、文庙、三山会馆、多伦路文化街、城隍庙、森林公园等当地资源融入进去，让孩子们漫步场馆、走社区、游故居、逛文化街，在行走中累积知识的厚度；看自然景观，看城市建设，看人文生活，发现自然之美、感受时代变迁，使孩子的学习更接地气，让上海的当地资源与学校课程形成了良性的互动，丰富了学生的学习经历，让孩子通过学习和体验了解并热爱自己所生活的城市，增长知识、培养才干，促进孩子的社会化发展。

　　七是学校课程发展需要增加家长参与的机会。随着家校互动的明显增多，家长参与学校课程的机会增加，有利于促进学校管理的分布式增长。家长作为学校课程领导共同体的成员，积极参与到"37件事"特色活动课程的开发、实施和评价的各个过程中。他们通过学校的各类开放活动了解学校特色活动课程的开发和实施情况。一些热心的家长还发挥自身的优势，参与到学校部分课程的开发当中。家长们还通过课程的亲子活动环节参与到课程的实施中，和孩子共同体验学习过程。学校还邀请家长共同参与活动课程的评价，广泛听取家长对课程开发、实施的意见和建议，作为课程修订的依据，让课程更加贴近学生，满足学生需求，为学生和家长所接受。在课程建设的过程中学校办学日益开放，家校互动明显增多，促进了学校管理的民主化。

上海市黄浦区徽宁路第三小学

校长　朱惠芳

2019 年 1 月 2 日

第一章　语言，思想的故乡

语言，妙不可言。它迸发了观点，孕育了思想。语言是一扇窗、一条纽带，经由理性的交谈，优雅的用语，我们互相沟通，彼此学习，掌握知识，欣赏美丽，了解世界，进入彼此的心灵。

第 01 件事　天天读美文

读书是一种心灵的"旅行"。一本好书像一艘船,带领着我们从狭隘的地方,驶向无限广阔的生活海洋。读好书是在和最崇高的人"对话",读好书可以改变人生的格调和境界。读书与不读书的人,日积月累,终成天壤之别。

第一部分　课程纲要

🔺 课程意图

腹有诗书气自华,最是书香能致远。经典就像是一颗璀璨的明珠,陶冶了一代又一代人的情操,也点亮了我们的生活。

"天天读美文"课程通过晨诵、午读、亲子共读,开启知识殿堂帮助学生成为一个有温度、懂情趣、会思考的人,培养学生阅读的好习惯,启迪智慧,拓宽思维,提高精神涵养,提升对世界的感知能力。

与经典同行,打好人生底色,与博览同行,开拓未来视野,让书香溢满校园,让经典助我成长,让生命闪烁光芒。

🔺 学习目标

1. 通过每天阅读,养成良好的阅读习惯,使阅读真正成为自觉行为。
2. 享受阅读的乐趣,体验成功的快乐,将读书作为一种终生受益的生活方式。

🔺 学程设计

一、读书情况我知道

查一查:了解每个家庭的阅读情况,如:学生家里的藏书量、阅读习惯、阅读方式、平时喜欢阅读哪些书等。

二、让我们一起来阅读

1. 看一看：利用校内阅读和亲子阅读时间阅读学校推荐书目。

2. 写一写：制定一份切实可行的读书计划，并在班级进行交流。

3. 读一读：每天"一诵三读"，设计一本读书摘录本，积累优美文字，分享美文佳句。

4. 选一选：在班级图书角选书，了解借阅方法。

5. 走一走：和家长一起去一次图书馆、书城，或网上购买一次图书，并向伙伴推荐好书。

三、共享读书乐

1. 讲一讲：举行班级"小小读书沙龙"或"小小故事会"交流读书心得。

2. 做一做：年级组开展一次"图书漂流"，并进行画配文、文配画活动。

3. 评一评：评选年级"书香小博士"、"书香班级"和"书香之家"。

第二部分　操作手册

"天天读美文"课程的内容、实施与评价如下表所示：

实施年段	模块	课时安排	实施途径	主要内容	评价方式	实施时段
二年级（上）	读书情况我知道	1课时	亲子调查	了解家庭读书情况、阅读习惯及方式。	问卷	15周
	让我们一起来阅读	4课时	班会	开展丰富多彩读书活动，知道读书方法。	教师评价/学生互评	15—16周
	共享读书乐	3课时	走进经典	交流互动，分享体验。	学生作品评选	17—18周
		1课时	美术课			
		1课时	语文课			

根据表格所示，具体分为以下三个模块：

 模块1：读书情况我知道

▲ **查一查**

亲爱的家长：

　　为了营造温馨的家庭读书环境，培养孩子良好的阅读习惯和兴趣，请填写下列调查问卷，以便我们了解家庭藏书量、阅读习惯、阅读方式等家庭读书情况。

1. 你们家庭的藏书量（　　　）

a. 20 本以内　　　　　　　　　　b. 50 本以内

c. 50—100 本　　　　　　　　　　d. 100 以上

2. 你的孩子一个月的课外读物阅读量（　　　）

a. 无　　　　　　b. 1—3 本　　　　c. 5 本　　　　　　d. 5 本以上

3. 你的孩子经常看课外书籍吗？（　　　）

a. 经常　　　　　　b. 偶尔　　　　　c. 几乎不看

4. 你们家庭平时的阅读方式是（　　　）

a. 自己看自己的书　　b. 和孩子共同阅读

5. 你的孩子平时在什么时间看书？（可多选）

a. 晚饭后　　　　　　b. 临睡前　　　　c. 双休日、节假日看得较多

6. 你和孩子经常一起上网浏览和阅读吗？（　　　）

a. 是的　　　　　　b. 偶尔　　　　　c. 从不

7. 你经常带孩子到书城去吗？（　　　）

a. 经常去　　　　　　b. 偶尔去　　　　c. 没去过

8. 你带孩子去过图书馆吗？

a. 去过（到什么图书馆_____）　　b. 从未去过

9. 请你写出 5 本孩子读过的书

10. 你的孩子最喜欢读哪一类书籍?

 模块 2: 让我们一起来阅读

 看一看

1. 校图书馆,徜徉书海

我们学校图书馆藏书丰富,并定期开放。

这是向二年级小朋友推荐的必读书目:

必读书目	作者	选读书目	作者
《花婆婆》	芭芭拉·库尼	《我是有教养的孩子》	任晓燕
《我最最喜欢雪了》	罗伦·乔尔德	《我的兔子朋友》	埃里克·罗曼图
《苏菲的杰作》	斯安内利	《灰姑娘》	雅科布·格林
《格林童话》	雅科布·格林	《五岁老奶奶去钓鱼》	佐野洋子
《我是马小跳》	杨红樱	《中国儿童百科全书》	柳斌
《月亮不见了》	和田诚、彭懿	《自救方法》	幼狮文化

2. 温馨家庭,亲子阅读

家长每天陪伴孩子进行阅读,营造温馨的家庭读书氛围,帮助孩子掌握读书方法,自觉积累、爱上阅读。

 写一写

在开始读书之前,我们先来选择自己喜欢的书目,安排好读书的时间,制定一份读书计划吧。

班级			姓名	
每天阅读时间	周一——周五			
	双休日			
阅读书目		月		
		月		
		月		
		月		
重点阅读				

▲ **读一读**

每天"一诵三读"，养成阅读好习惯。

1. 一诵——每一节语文课课前两分钟预备铃诵读古诗。

2. 三读——

早读：每天上午 8:00—8:15 诵读经典《弟子规》。

午读：每天中午 12:45—1:00 阅读课外书籍和少年报刊。

晚读：对照阅读计划，完成阅读书目。每天饭后或临睡前，独自或在家长陪伴下进行课外书籍的阅读，双休日和节假日增加读书时间。

阅读小贴士：

《弟子规》，原名《训蒙文》。其内容采用《论语》"学而篇"第六条的内容，讲述了弟子在家、出外、待人、接物与学习上应该恪守的守则规范。其中记录了孔子的 108 项言行，共有 360 句、1080 个字，三字一句，两句或四句连意，读起来朗朗上口。全篇先为"总叙"，然后分为"入则孝、出则悌、谨、信、泛爱众、亲仁、余力学文"七个部分。《弟子规》根据《论语》等经典，汇集了中国古代圣贤之士的思想和观点。

选一选

在我们的教室里也有一个图书角，这是我们的"梦想书屋"，你知道该怎么借书吗？

走一走

让我们迈开双脚，敞开心灵，利用课余时间走进上海各大图书汇集地，领略精彩纷呈的阅读世界吧！

上海书城：

上海书城位于上海市福州路 465 号，是上海重要的文化标志性建筑之一。

上海图书馆：

上海图书馆始建于 1952 年 7 月，是上海市民耳熟能详的大型综合性研究型公共图书馆。1996 年 12 月 20 日，新馆正式对外开放，位于世界十大图书馆之列。

上海浦东图书馆：

浦东图书馆(新馆)位于上海市浦东新区前程路88号。它坐落于浦东新区文化公园北侧,地处以世博会主会场和世纪公园为中心形成的上海新文化圈内。

 模块3：共享读书乐

▲ **讲一讲**

小朋友,现在让我们与好书交朋友,开展形式多样的读书活动吧!

小小读书沙龙

每逢双周"走进经典"午读时间,举行班级"小小读书沙龙"活动,以小组为单位,向同学们推荐自己喜欢看的好书,自己喜欢的作家,也可以交流一下读书心得。

小小故事会

每逢单周"走进经典"午读时间举行班级"小小故事会",选取通俗易懂,富有情趣,儿童化的故事内容,为大家讲讲小故事,或者合作表演小故事。

小小摘录本

"不动笔墨不读书"。要学会读书,做读书摘记是一个必不可少的良好方法,读书过程中,大家常会发现一些自己非常喜欢的优美词句吧,请小朋友们设计一本读书摘录本,把它们积累下来吧!

▲ **做一做**

书签,是为了翻阅方便,夹于所读书页的标志,喜欢看书的同学是少不了书签的哦，让我们来看看怎么制作书签吧！

准备材料：彩色卡纸、彩色纸、固体胶、剪刀、铅笔、水彩笔、自己喜欢的各种图案
制作步骤：

1. 在卡纸或彩色纸上画一个自己喜欢的形状或图案（如：星星、长方形、小动物、植物等）然后剪下来。

2. 在其中一面上写下自己喜欢的名言和警句。

3. 在空白处用彩笔画上自己喜欢的图案，也可以贴上自己喜欢的图案。

4. 在上部挖一个小洞，穿上一根丝线。

▲ **任务单**

小朋友，请你展开想象的翅膀，铺开稿纸，拿起手中的画笔，进行一次"图文游戏"吧！请你仔细看图，弄清图意，展开合理想象，写一段话，字数在 250 字左右。

▲ **任务单**

小朋友，请你根据一段文字，让你的画笔展开想象的翅膀，把文字变成一幅美丽的画面。

天地之间白茫茫的一片，雪花纷纷扬扬地从天上飘落下来，四周像拉起了白色的帐篷，大地立刻变得银装素裹，我不禁想起一句诗"忽如一夜春风来，千树万树梨花开"，真美啊！

▲ 评一评

　　大家在"天天读美文"的活动中一定有很多收获吧！让我们一起评选出"书香小博士"和"书香之家"！

　　"书香小博士"评选要求：

　　1. 热爱读书，有良好的读书习惯，每天阅读时间 1 小时以上。

　　2. 认真完成"天天读美文"的各项活动，表现突出，评价表获得 36 颗星以上。

　　3. 与同伴共同学习，互相帮助，交流读书心得，分享读书成果。

　　4. 每班评选 3—5 名"书香小博士"。

　　"书香之家"评选要求：

　　1. 家庭藏书量在 5 本以上。

　　2. 家庭读书氛围浓厚，有固定的阅读时间，家长和孩子共同阅读、交流。

　　3. 家长经常带领孩子到图书馆、书城、博物馆等各种文化场馆体验，和孩子一起上网浏览、阅读图书。

　　4. 每班评选 4—5 个"书香之家"。

（项目负责人：李敏）

第 02 件事　脱口秀一把

　　穿梭在语言文字间，生命中多了许多精彩的画面，无需动身，便可漫步林荫小径，荡舟江河湖泊，攀越高山之巅……那神奇的汉字，筑成的是一道道迷人的风景，让人陶醉，让人流连。分享阅读快乐，秀出阅读体验。让我们用心灵去打开智慧之门，感悟更多道理，寻找一个更广阔的世界吧！

第一部分　课程纲要

▲ **课程意图**

本课程是《天天读美文》课程的延续，它以评价为主旨，给予学生阅读后的展示平台。通过脱口秀一把，使学生大胆秀出自己，并将阅读后搜集积累的古诗和故事与大家分享，在创设的情境中尽情表达观点、锻炼口才、抒发情感，帮助学生在参与中体验合作的快乐，树立自信心，使其学习更富有生机，阅读有喜出望外的收获。

▲ **学习目标**

1. 通过亲手制作书卡，评论读书计划的执行情况，回顾自己《天天读美文》课程的学习过程。

2. 举办"脱口秀一把"专场演出，用朗诵、舞蹈等表演形式展示自己的阅读成果。

▲ **学程设计**

一、读书添乐趣

1. 做一做：对照《天天读美文》课程提供的必读书目和选读书目，积累好词好句，做一张书卡。

2. 评一评：通过不同的评价渠道和评价主体，对读书计划的执行情况进行评议。

二、经典共分享

1. 讲一讲：举行"好书推荐活动"，向伙伴介绍自己喜欢的书的书名、作者、简介等。

2. 演一演：用朗诵、歌舞等形式表演积累的美文。

三、美德乐传扬

秀一秀：在自己读过的书中，选择一个小故事，画一幅令你感动的画，在同伴面前秀出自己的故事，交流感受和收获。

四、礼仪记心间

辩一辩：表演课本剧《三个儿子》，辩一辩人物的行为，说一说为什么明明有三个儿子，老爷爷只看到一个儿子。

第二部分　操作手册

"脱口秀一把"课程的内容、实施与评价如下表所示：

实施年段	模块	课时安排	实施途径	主要内容	评价方式
二年级（下）	读书添乐趣	2课时	探究课	制作读书卡，介绍自己阅读感悟 评一评自己的读书计划执行情况	评选
	经典共分享	1课时	晨会 班会 阅读课	分享好书，介绍书名、作者、内容简介	学生互评
		4课时		背诵唐诗宋词和儿歌	
	美德乐传扬	1课时	美术	选择故事画出故事	任务单
	礼仪记心间	1课时	班会	辩一辩《三个儿子》的故事	评选

按照上述表格所示，具体操作分成以下四个模块：

模块1：读书添乐趣

🔺 做一做

一起动手做一张"读书卡"吧！把一本书的书名、作者、主要人物、你喜欢的好词、好句，以及自己的感悟记录在上面。

▲ **评一评**

小朋友们,让我们来评一评自己的读书计划执行情况吧!

班级		姓名	
自评			
我能做到每天阅读(　　)分钟 我完成了我的阅读书目(　　) 在阅读中我会做一些笔记(　　) 我会和小伙伴交流读书心得(　　)		评星 ☆☆☆☆☆	
爸爸、妈妈对我的评价			
认真阅读(　　)　坚持阅读(　　) 积累好词佳句(　　) 会交流(　　)　拓宽阅读面(　　) 阅读速度(　　)		评星 ☆☆☆☆☆	
伙伴互评			
能够坚持阅读(　　) 能够积累好词佳句(　　) 会和小伙伴交流读书心得(　　)		评星 ☆☆☆☆☆	

❖ **模块 2：经典共分享**

▲ **讲一讲**

好书推荐活动开始啦! 小朋友们,你最喜欢的书是哪一本呀? 向大家介绍一下书名、作者以及内容简介。另外,你有没有想看的书呢? 也来说一说吧!

▲ **演一演**

还记得你背诵的弟子规吗? 你会背的唐诗有哪些? 课文中的好词好句愿意和大家一起分享吗? 现在就让我们来演一演吧。

1. 星期五经典诵读时间——诵读弟子规

2. 两分钟预备铃时间——诵读唐诗宋词以及儿歌

3. 二年级达人秀活动——小组编排"春"系列诗歌

模块3：美德乐传扬

秀一秀

选择一个小故事，画一个令你感动的画面，并且拿着你所画的画在同伴面前"秀"出自己的故事，交流感受和收获！

模块4：礼仪记心间

辩一辩

《三个儿子》的故事里面明明讲了三个儿子，可是那位老爷爷却说自己只看见一个儿子，这是怎么一回事呢？

三个儿子听了老爷爷的话以后，他们会怎么想？怎么说？

现在就让我们做一个"小小辩手"，把当时的情况演一演，说一说，辩一辩吧！

评一评

同学们真是收获多多，现在我们就来评出这场辩论赛的最佳小辩手。

获得本次辩论赛"最佳辩手"的是＿＿＿＿＿＿＿＿＿＿＿。

他最精彩的发言是＿＿＿＿＿＿＿＿＿＿＿＿＿＿＿＿＿＿＿＿＿＿。

（项目负责人：王华芳）

第03件事　大声说出你的爱

爱，是什么？爱是一盏明灯，指引每个人心怀感恩；爱是一支笔，书写下的只有心意；爱是彼此牵手，为了同一个方向前进；爱是一句话，让心走到一起。其实，我多想对你说声：我爱你、爱自己、爱家人、爱朋友、爱美好的一切……在这里，让我们大声说出你的爱！

第一部分　课程纲要

▲ 课程意图

孝亲敬长历来是中华民族的传统美德。然而，现在的孩子多是独生子女，比较自我。我们结合"十岁生日"开发"大声说出你的爱"课程，让学生把内心对父母、老师和同学的爱大声说出来，表达自己的真实情感，感悟父母之爱的伟大，教师之恩的可敬，同学之谊的可贵，珍爱生命、心怀感恩、懂得回报。

▲ 学习目标

1. 初步认识生命的价值，父母的伟大，师恩的可敬，同窗的可贵，珍爱生命、心怀感恩。

2. 通过多种形式向养育自己十载的父母表达感恩之情，向培育自己的教师表达感激之情，向朝夕相处的同学抒发真挚友情，形成对美好未来的憧憬。

▲ **学程设计**

一、感恩父母

1. 查一查：了解父母的生日及爱好。

2. 做一做：为父母做一些力所能及的小事。

3. 写一写：在父母生日亲手制作贺卡，写上一句温馨的祝福。

二、感恩教师

1. 访一访：拜访自己幼儿园的老师，捧上一束鲜花，送上一句谢语。

2. 做一做：见到老师主动问好行礼，认真完成作业，专心上好每一堂课，用实际行动来表达对老师辛勤付出的尊重。也可以开展"我们来当一天班主任"的体验活动，体验教师工作的辛苦。

3. 写一写：自制一张送给老师的感恩卡，向老师说一声谢谢，道一声辛苦，送一句祝福语。

三、感恩伙伴

1. 读一读：阅读一组友情文章。推荐描写友情的儿童文学书《夏洛的网》、《时代广场的蟋蟀》……

2. 做一做：讲一讲同学互助的事例，开展"我为同学做一事"活动。

3. 夸一夸：开展"互相赞美"活动，夸夸我的好伙伴。

4. 评一评：通过不同的评价渠道和评价主体，对感恩伙伴的情况进行评议。

第二部分　操作手册

微课程"大声说出你的爱"共计 8 课时，根据课程内容和孩子们的年龄特点，被安排在三年级第二学期，运用灵活的学习方式，通过音乐课、班会课、亲子活动等途径实施。具体教学安排见下表：

实施年段	模块	课时安排	实施途径	主 要 内 容	评价方式
三年级 (下)	感恩父母	2课时	探究课	查一查,了解父母的生日及爱好。 做一做,为父母做一些力所能及的小事。	展示爱心回家作业
		1课时	美术课	写一写,制作感恩卡,为父母送上一句温馨的祝福。	
	感恩老师	2课时	班会课	访一访,拜访自己幼儿园的老师。 做一做,为老师做一件实事。 写一写,开展"老师,我想对您说"感恩卡制作活动。	感恩卡 学生互评
	感恩伙伴	2课时	班会课	读一读,选择一组友情文章,认真开展友情阅读。 做一做,开展"我为同学做一事"活动。 夸一夸,开展"互相赞美"活动。 评一评,开展感恩伙伴的评价活动。	制作小报 展示交流

按照上述表格所示,具体操作分成以下三个模块:

模块1：感恩父母

▲ 查一查

让我们用眼睛去看,用耳朵去听,用心灵去感受十年来父母一路陪伴我们成长的点点滴滴,想想回家后去为自己的父母做些什么,完成一次爱心回家作业吧!

爱心回家作业

爱 心 名 称	爱 心 内 容	我 的 表 现
送父母一句温馨的祝福		☆☆☆☆☆
给父母讲一个开心的故事		☆☆☆☆☆
给父母过生日,赠送亲手制作的礼物		☆☆☆☆☆
为父母做事		☆☆☆☆☆
帮家里做家务		☆☆☆☆☆

▲ **写一写**

制作感恩卡

❖ **模块 2：感恩老师**

　　此刻,你想对老师说些什么,做些什么呢? 那就一吐为快吧。该说谢谢的时候大声说出来,不要把谢意深埋在心底。行动起来吧,以认真完成作业或专心上好每一堂课来表达对老师辛勤付出的尊重。

▲ **访一访**
拜访自己幼儿园的老师,捧上一束鲜花,送上一句感恩的话。

▲ **做一做**
为老师做一件实事。

▲ **写一写**
向老师说一声谢谢,道一声辛苦了,送一句祝福语。

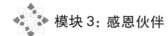 **模块3：感恩伙伴**

▲ **读一读**

开展友情阅读

推荐描写友情的儿童文学书《夏洛的网》、《时代广场的蟋蟀》……

▲ **做一做**

我为同学做一件事

想想生活中自己受到了朋友的哪些帮助，自己又从哪些方面帮助了别人，你能否为同学做一件有意义的事呢？

▲ **夸一夸**

夸夸我的好伙伴活动

找出在班中你最想赞美的同学，并说出你要赞美的话。

 评一评

评 价 内 容	自己眼中的"我"			伙伴眼中的"我"		
	好	较好	需努力	好	较好	需努力
能完成爱心回家作业						
能向老师献真情						
能夸夸自己的好伙伴						
能大胆表露自己对父母、老师、同学的爱						
能制作感恩卡						

（项目负责人：程佳玲）

第04件事　珍藏一件凝聚情感的物品

　　一枚精美的邮票、一个珍藏的杯子、一件压箱底的连衣裙……当我们静心回想就会明白：总有些物品值得保留，因为它牵动着美好的记忆，承载着特殊的情感……写下你与藏品的故事，让我们一起分享你的情感、你的回忆……

第一部分　课程纲要

▲ **课程意图**

　　收藏是一种文化，是对历史的一种解读。小学阶段，学生不仅仅需要的是课本知识的学习，还应该拥有自己的兴趣爱好。收藏就是一项能够帮助学生建立一个自己爱好的兴趣内容之一。微课程"珍藏一件凝聚情感的物品"，旨在让学生走近收藏，让孩子们在实践收藏中，认识收藏的价值，了解相关的知识，同时感受社会、历史的变迁，启发学生从日常生活中捕捉、挖掘身边物品中蕴含的情感，激发他们收藏的动机，并通过制作收藏档案卡，用自己的笔触写下对多彩人生的深切感悟，使他们更加懂得热爱生活、珍惜生命、热爱科学、陶冶情操，不断完善自我，全面提升文化素养。

▲ **学习目标**

1. 通过学习走近收藏，初步了解收藏的意义，培养对收藏的兴趣。

2. 从身边开始寻找收藏凝聚情感的物品，通过制作收藏档案卡感悟多彩人生。

▲ **学程设计**

一、我是小记者

1. 看一看：观察认识部分老票证。

2. 听一听：百姓讲故事，关注老票证背后的故事，了解过去那段艰辛的历史，知道它的特殊意义。

3. 填一填：听家中长辈们讲述珍藏的老票证背后的故事，并记录下来。

二、收藏学问多

1. 学一学：走近收藏，了解收藏的意义。

2. 听一听：介绍关于收藏的那些轶事。

3. 搜一搜：上网收集关于收藏爱好者的故事，写下来，讲一讲。

三、我来学收藏

1. 学一学：了解收藏的方法。

2. 拍一拍：回家找一找家中的收藏物，拍摄下来，说说收藏它的理由。

四、收藏交流会

1. 寻找好朋友分享交流各自的收藏和物品背后的故事，并记录下来。

2. 根据收藏的物品制作一张简单的收藏卡，记录它背后的故事。

第二部分　操作手册

"珍藏一件凝聚情感的物品"课程的内容、实施与评价如下表所示：

实施年段	模块	课时安排	实施途径	主　要　内　容	评价方式
五年级（上）	我是小记者	1课时	品社课	听故事，了解老票证背后的故事。 调查家中长辈收藏票证的故事。	任务单
	收藏学问多	1课时	探究课	了解收藏的意义。 了解收藏趣事。 上网搜查收藏爱好者的故事并交流。	任务单
	我来学收藏	1课时	晨会课	了解收藏的方法。 初步学习收藏有情感的物品。	收藏品照片
	收藏分享会	1课时	班会课	交流各自收藏品故事。 制作"收藏档案卡"。	任务单 档案卡

按照上述表格所示，具体操作分成以下四个模块：

 模块 1：我是小记者

▲ **看一看**

中华人民共和国成立初期，由于物资匮乏，许多商品都需凭票购买，所以当时各类票证五花八门，成了城乡居民日常生活的保障。直到 20 世纪 90 年代中期，票证才结束了它的特殊身份和流通历程。但对于收藏爱好者来说，收藏这些票证能勾起他们对那个年代最深切的回忆。

这些就是当年的一些老票证，你认识吗？你知道它们的作用吗？

布票

油票

粮票

🔺 听一听

这些票证里有着说不完的故事。今天我们就来听听收藏爱好者陈老伯讲的关于老票证背后的故事。

"那个时代,票比钱管用,没票寸步难行",陈老伯说。那时新中国成立不久,由于物资紧缺,任何物品都需要凭票供应。粮票、肉票、布票、盐票、油票……就连买糖果、糕点、火柴、肥皂也要凭票,各类票证五花八门。那时他还是个小孩子,全家五口人一个月凭票领 100 斤粮食,肉、油是每人每月半斤。他最巴望的就是过年,因为政府会增供粮食、肉油,不仅可以饱口福,父母也会用存了整整一年的布票给他做套新衣裳。读书时他一直是班上尖子生,为此学校奖给了他一张工业票。他兴奋地拉着妈妈去买皮鞋,谁知到了商店才发现根本就没有男式皮鞋,于是他委曲求全让妈妈买了双女式皮鞋,照样穿到学校去神气了一番。

🔺 填一填

找一找你们家里有没有类似的老票证,它们背后又有怎样的故事呢? 采访家中的长辈们听他们讲一讲,然后记录下来并交流。

被采访人	老票证	背后的故事

❖ 模块 2: 收藏学问多

喜欢收藏的人,不仅在收藏物品本身,更是在收藏历史,甚至在弥补由于时间的因素造成的遗憾。比如: 小时候,踢毽子用的方孔铜钱,现在要找真的很难;还有以前随处可见每个家庭都有的小人书,现在不知都被丢到哪儿了;老一辈留下的一些坛坛罐罐,随着几次搬迁,不是残了,就是扔了,或是卖了,根本再也找不到它们的身影……

▲ **学一学**

收藏为国家保存了历史、文化和财富,有着显著的社会功效。

博物馆是一个国家的历史文化窗口,其藏品除了由考古出土的外,还有民间收藏者捐献的收藏品,品种远远比国家博物馆多得多,并且富有特色,是一种很好的补充。国家已经开始重视民间收藏,新出台的《文物保护法》,为民间收藏活动的发展不仅开了绿灯,而且给了法律上的依据。

如:香烟厂为了编写厂史,走访烟标收藏者,询问烟草工业发展史;电影制片厂拍电影,向火花收藏者借资料;钟表厂为了发展新品种,走访钟表收藏者,欣赏古老的品种造型,以图"推陈出新";学校讲货币起源课,经常向钱币收藏者借取实物……

▲ **听一听**

关于收藏的那些轶事

战国著名哲学家惠施,藏书达五车之多,在当时可谓是大藏书家。

唐太宗李世民酷爱书法艺术,他并收天下碑帖,在书法界传为美谈。

宋代大画家米芾爱石如痴,有一次他得到一块端石砚山,竟接连三天抱着此石入睡,时人便称他为石癫。

清代乾隆皇帝,崇尚汉族文化,不仅自己舞文弄墨,而且嗜古成性,广为收集民间的珍宝,把它们秘藏于故宫。

▲ **搜一搜**

你还知道哪些收藏爱好者的故事呢?上网搜一搜,写下来,交流。

_____

_____

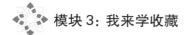 模块 3：我来学收藏

🔺 **做一做**

收藏其实就是一项爱好，要保持一颗平常心。在我们生活的周围，只要你做个有心人，就能够步入这个看似"神秘"的收藏天地。

收藏从身边做起

我们在生活中会有很多收藏的机会，比如：纪念意义比较大的邮票；比较稀缺的硬币；解放前的画报之类的书籍等。还有许多人喜欢剪报，把过时的报刊上登载的文章，分门别类地剪下来，粘贴在剪报本上，一则可作为课外学习的辅导资料，二则在写文章、出板报、参加智力竞赛时，也会大有用处；有些学生则很留心珍藏自己学习过的课本、练习本以及每学期的学习成绩单，到了工作岗位之后，看看这些"收藏品"，回顾自己在求学道路上前进的"足迹"，便会回味无穷；有的父母亲是个有心人，收藏子女从出生开始每一段时间的照片，特别是幼儿啼笑、趴坐时的情景以及读书、系红领巾佩团徽不同时期的照片，这是多么有意义呀！

🔺 **拍一拍**

我们小学生可以收藏什么呢？回家找一找，给它拍张照片贴在下面的框里，并说一说收藏它的理由。

我的收藏理由：＿＿＿＿＿＿＿＿＿＿＿＿＿＿＿＿＿＿＿＿＿＿＿＿＿＿＿＿＿＿＿

＿＿

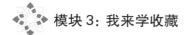 模块 4：收藏交流会

🔺 **任务单**

根据你收藏的物品制作一张简单的收藏卡，记录它背后的故事。

任务单

和好朋友分享各自的收藏档案卡，体会多彩的人生。

我的感悟：

_____

（项目负责人：韩文芳）

第 05 件事　留住 12 岁的美好回忆

春风，带走了无知与幼嫩；夏日，迎来了坚韧与执着；秋季，丰收了成熟与美满；寒冬，褪去了懵懂与脆弱，只有心中那段回忆不会被带走。时间荏苒，五年的小学生活即将画上一个圆满的句号，五年里所有的酸甜苦辣都凝聚成今日的成果。从此，12 岁前的美好回忆，将成为我们心中永远的歌！

第一部分　课程纲要

 课程意图

小学的五年生活，学生从天真烂漫的幼儿成长为身心健壮的少年，浸透着学校、老师的心血。五年中，有过令人激动、喜悦、忧愁和伤心的事，是孩子在人生道路上开始起步而永远难忘的岁月。在即将毕业的时候，通过"留住 12 岁前的美好回忆"课程，让学生把师生情、同学情以及对母校的感激之情表达出来，作为自己的一份美好回忆和永久珍藏，促使学生在回忆美好的小学生活过程中，互相激励，继续前进。

 学习目标

1. 通过"阅读材料"中的文章，感受对小学生活的怀念，对母校、对老师、对同学的感情。

2．回顾个人和集体的成长经历,懂得成长需要自己的努力,也离不开学校的关怀、老师的教导和同学的帮助。

3．通过写临别赠言、简单的倡议书、建议书和演讲稿等,表达对老师、对同学、对母校依依不舍的感情,并立下美好的志向。

4．在教师的帮助下,能够与同学一起组织策划联欢活动。

▲ 学程设计

一、制订计划

做一做:浏览"阅读材料",根据"活动建议"制订并交流活动计划。

二、成长足迹

1．读一读:根据"阅读材料",了解不同时代作者回忆自己难忘的小学生活。

2．找一找:畅谈成长故事,制作班级纪念册。

3．写一写:制作个人资料卡,写写小学生活中难忘的人和事。

三、依依惜别

1．写一写:为老师和同学写临别赠言,并在毕业联欢会上相互赠送。

2．演一演:举行一次毕业联欢会,表达惜别之情。

第二部分　操作手册

本课程 10—12 课时,建议在一周内完成一个模块。开始时可以用 1 课时制订和交流活动计划,结束时用 1—2 课时展示、交流学习收获。为了便于开展活动,可以适当调整课时,把几节语文课连在一起,如,搜集个人和集体成长的资料、为母校做有纪念意义的事、为准备毕业联欢会排练文艺节目,需要利用课外的时间。具体实施安排见下图:

实施年段	模块	课时安排	实施途径	主 要 内 容	评价方式
五年级（下）	制定计划	1课时	探究课	讨论和制订活动计划。主要包括：阅读导语，阅读"操作手册"，浏览"阅读材料"，根据"活动建议"和学校的实际情况，确定开展哪些活动，制订并交流活动计划。	活动计划
	成长足迹	1课时	语文课	阅读《难忘的启蒙》《老师领进门》《新来的王老师》和《忘不了的笑声》《作文上的红双圈》，感受作者对小学生活的深厚感情，学习作者是怎么表达这种情感的。	班级纪念册
		1课时	作文课	回忆小学生活，写写自己难忘的老师和同学、难忘的校园生活、难忘的一节课或难忘的一次活动等。	
		1课时	探究课	和同学一起畅谈自己的成长故事，共同寻找班级"成长的足迹"，搜集材料。	
		2课时	探究课	同学合作，制作班级纪念册。	
	依依惜别	1课时	探究课	写临别赠言，送上真情与祝福。也可以写好临别赠言，在毕业联欢会上相互赠送。	毕业联欢会
		1课时	班会课	在离校之前为母校做点事，如为学校图书馆修补图书，为校园里的花草树木浇水培土，修理课桌椅等。	
		1课时	探究课	以小组或班级为单位写倡议书、建议书。	
		3课时	班会课	策划一台毕业联欢会，排练节目，进行联欢。	

按照上述表格所示，具体操作分成以下三个模块：

 模块 1：制定计划

 做一做

小组合作进行讨论和制定活动计划，活动计划中应清楚地列出时间、地点、参加人员、活动内容等,活动结束后展示活动成果。

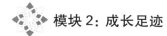 **模块 2:成长足迹**

▲ **读一读**

五年的小学生活对每一个人来说都是难忘的。让我们把那些珍贵的回忆都留住,那不仅是对过去日子的美好回忆,也将是对未来学习生活的激励。许多年后,当你长大成才,在不同的岗位上工作的时候,班级纪念册将永远连接着浓浓的师生情谊。

阅读材料——迈好制作班级纪念册的第一步

阅读材料中的 5 篇文章,不同时代的作者回忆自己难忘的小学生活。《难忘的启蒙》、《老师领进门》、《新来的王老师》、《作文上的红双圈》、《忘不了的笑声》。

▲ **找一找**

"班级纪念册"是为了留下 12 岁前的美好回忆,赶快发挥你的聪明才智,确定栏目,制作一份班级纪念册。

▲ **写一写**

寻找小学生活的点点滴滴,制作个人资料卡,记录自己的成长历程,打开心灵,说真话,诉真情。

个人资料卡		
学校:	姓名:	班级:
入学时间:		第一位语文老师:
第一位数学老师:		最喜欢的老师:
第一个好朋友:		第一个同桌:
最高兴的一件事:		最伤心的一件事:
第一次被老师表扬:		第一次被老师批评:

留住 12 岁前的美好回忆	
难忘的事件	内　　容
难忘的一节课	
难忘的一次活动	
难忘的老师	
难忘的同学	
难忘的运动会	

畅谈自己的成长故事

成长的过程中,有鲜花,也有荆棘;有欢笑,也有眼泪,但无论酸甜苦辣,都将成为珍贵的回忆,请你写写小学生活中难忘的人和事,并开展一次"我的成长故事"的主题交流会。

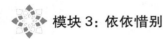 **模块 3：依依惜别**

 写一写

写临别赠言

要求：短小精悍,情真意切,能根据同学和老师的特点写。可以把写好的赠言读给同学们听,评一评谁写的赠言最有个性,谁写的赠言最风趣,谁写的赠言最幽默,谁写的赠言最有文采。

活动小建议：

可以用演讲的方式,向母校告别;可以把对学校的各种建议写成建议书;可以畅想20年后每个同学都是什么样子的;可以对学校进行调查后写建议书,针对不足提出自己的建议,建议尽可能具体。

▲ **演一演**

人人参与筹划一台毕业联欢会

一台精彩的毕业联欢会,将是你一生美好的回忆。要求总体设计毕业联欢会的安排，再具体编创和排练节目，可以自由报名参加表演，人人参与，同学们，赶快行动起来，让我们共同留住 12 岁前的美好回忆！

▲ 填一填

评 价 内 容	自己眼中的"我"			伙伴眼中的"我"		
	好	较好	需努力	好	较好	需努力
1. 通过读"阅读材料"中的文章，能感受作者对小学生活的怀念，对母校、对老师、对同学的感情。						
2. 回顾个人和集体的成长经历，懂得成长需要自己的努力，也离不开学校的关怀、老师的教导和同学的帮助。						
3. 用多种形式表达对老师和同学、对母校依依不舍的感情，并立下美好的志向。						
4. 会写临别赠言、简单的倡议书、建议书和演讲稿。						
5. 能在教师的帮助下，与同学一起组织策划联欢活动。						

（项目负责人：程佳玲）

第 06 件事　信守一个承诺

诚信是百花园中最美丽的那朵鲜花，是群星阵中最闪亮的那颗明星，是热带雨林中最挺拔的那棵参天大树。拥有诚信，你便拥有了最美好的品格；拥有诚信，你便会拥有玫瑰一般沁人心脾的芬芳……让孩子从小埋下一颗诚信的种子,从点滴做起,成为一个有担当的好少年。

第一部分　课程纲要

▲ 课程意图

诚信,是做人的根本,是兴业之理,治世之道。小学生正处于身心发展迅速的阶段,也是个人道德意识逐渐形成的关键时期。然而随着孩子们年龄的增长以及环境的影响,他们面临着许多不良的诱惑,与诚信相背离的言行也屡见不鲜。"树木之初重育苗,立人之始在于幼",诚信教育要从小抓起。

本课程意在通过"说文解字"的方式,帮助学生理解"诚信"的含义,并通过通俗易懂的故事使其了解如何才能做一个诚实守信的人;通过榜样示范的方式,促使学生发现自身在诚实守信方面的不足,从而在学习和日常生活中,处处做到诚信,养成诚信的良好道德品质,为将来的人生道路打下坚实的基础。

▲ 学习目标

1. 了解"诚信"的含义,懂得"诚信"的重要性,理解诚实守信是自身的责任。

2. 初步学会践行诚实守信的品质,将"诚信"融入到学习和日常生活的每一件小事中。

▲ 学程设计

一、学做诚信小学生

1. 学一学:了解"信"字的演变过程、造字本意、"信"字的意思。

2. 听一听:听讲有关"诚信的小故事",感受守信之人所得到的尊重。

3. 读一读:读一读有关"诚信"的诗歌,并收集有关诚信的名人名言和诗歌。

二、寻找身边的诚信

1. 查一查:检查身边小伙伴的诚信践行情况,完成调查问卷。

2. 评一评：通过自评、他评了解自己是否做到了诚实守信。

3. 夸一夸：夸一夸身边诚实守信的事例，并以此作为学习榜样。

4. 做一做：设计一张"承诺卡"，将自己的承诺写在卡片上并送给小伙伴。

三、争做诚信好少年

1. 赞一赞：为身边诚实守信的小伙伴点赞，并写下感谢的话。

2. 评一评：德育室评选出班级"诚信好少年"进行表彰。

3. 写一写：开展一次以"我身边的诚信故事"为主题的征文活动。

第二部分 操作手册

"信守一个诺言"课程的内容、实施与评价如下表所示：

实施年段	模块	课时安排	实施途径	主 要 内 容	评价方式
五年级（上）	学做诚信小学生	1 课时	晨会课	了解诚信的含义 听故事，明白小学生如何做到诚信	任务单
	寻找身边的诚信	1 课时	探究课	调查自己和身边伙伴的诚信度	问卷
		1 课时	班会课	夸夸身边的诚信伙伴 学做"诚信卡"	学生自评互评
	争做诚信好少年	0.5 课时	晨会课	评选"诚信"好少年	学生互评
		1 课时	语文课	开展"诚信"征文活动	征文

按照上述表格所示，具体操作分成以下三个模块：

 模块 1：学做诚信小学生

 学一学

诚信是一条延续千年的河，滋养华夏大地的芸芸众生；诚信是一支神奇的笔，书写中华民族不朽的文明历史。德国诗人海涅说："生命不可能从谎言中开出灿烂的鲜花。"诚信是我们人类社会一切道德的基础和根本。

小朋友你知道"信"字是怎么演变而来的吗？它又是如何造字的呢？

"信"字的演变过程

第一个"信"——金文 𝕒 左边：亻(人)右边：ㅂ(口,说话),表示开口许诺。

第二个"信"——金文 𝕓 左边：千(千)右边：言(言,说话),表示用千言万语的保证。

一直演变到楷书,就是我们现在看到的"信"字。信,是会意字,左边一个人,右边一个言,代表人言,这也意味着,一个人话说出去之后,就一定要遵守。造字本义：<u>许诺,发誓</u>。

我们经常听到的格言、教诲,如"一诺千金"、"一言九鼎"、"一言既出,驷马难追"这些词语都显示出中华民族传统美德对诚信的重视,以及对后代子孙品格养成的殷切期望。

▲ **任务单**

从古至今,字典中对"信"表示"许诺、发誓"意思的词语有许多,请你也来找一找有哪些词汇有此类意思。

例：信物

▲ **听一听**

同学们,待人以诚信,如同一轮明月的清辉普照大地。是诚信,让黑暗变得光明;是诚信,让世界充满生机,让生命充满活力。让我们一起来听听有关诚信的小故事。

诚实的晏殊

北宋词人晏殊,素以诚实著称。在他十四岁时,有人把他作为神童举荐给皇帝。

皇帝召见了他，并要他与一千多名进士同时参加考试。结果晏殊发现考试是自己十天前刚练习过的，就如实向宋真宗报告，并请求改换其他题目。真宗非常赞赏晏殊的诚实品质，便赐给他"进士出身"。晏殊当职时，正值天下太平。于是，京城的大小官员便经常到郊外游玩或在城内的酒楼茶馆举行各种宴会。晏殊家贫，无钱出去吃喝玩乐，只好在家里和兄弟们读写文章。有一天，真宗提升晏殊为辅佐太子读书的东宫官。大臣们惊讶异常，不明白真宗为何做出这样的决定。真宗说："近来群臣经常游玩饮宴，只有晏殊闭门读书，如此自重谨慎，正是东宫官合适的人选。"晏殊谢恩后说："我其实也是个喜欢游玩饮宴的人，只是家贫而已。若我有钱，也早就参与宴游了。"这两件事，使晏殊在群臣面前树立起了信誉，而宋真宗也更加信任他了。

🔺 **读一读**

诚信，是一棵树，是一片天空，是一笔无形的资产。同学们，大声地朗读这首《诚信》吧。

诚　信

诚信，是一棵茂盛的大树，让你享受它的荫蔽；

诚信，是一片蔚蓝的天空，让你拥有它的广阔；

诚信，是一笔无形资产，让你享用一生；

诚信，是一株常青藤，染绿了春夏秋冬。

拥有诚信，一根小小的火柴可以燃亮一片星空；

拥有诚信，一片小小的叶子，可以倾倒一个季节；

拥有诚信，一朵小小的浪花，可以飞溅起整个海洋。

如果说人生是一列奔驰的列车，

那么诚信便是必不可少的轮子；

如果说人生是一次航行中的大船，

那么诚信便是必不可少的帆；

如果说成功是一株枝繁叶茂的大树，

那诚信必是时刻浇灌它的甘露；

如果说成功是美丽的天使，

那诚信必是那天使的翅膀。

▲ 任务单

关于《诚信》的诗歌和名言还有很多，上网查查，并把它记下来。别忘了读一读哦！

✿ **模块2：寻找身边的诚信**

▲ 查一查

小朋友，我们的生活、学习离不开诚信，你和身边的小伙伴是否都做到诚信了呢？调查一下你身边的小伙伴，完成下面这份调查问卷。

1. 您认为自己是个讲诚信的人吗？（　　）

　A. 是　　　　　　　　　　　　　B. 基本是，视具体情况而定

　C. 不是　　　　　　　　　　　　D. 说不清楚

2. 您觉得在自己的成长过程中，长辈对您进行过有关诚信的教育吗？（　　）

　A. 小时候有，长大了就没有　　　　B. 经常

　C. 基本没有

3. 您有过承诺别人的事却没有做到的情况吗？（　　）

　A. 有过一次　　　　B. 好几次　　　　C. 从没有过

4. 您觉得在我们的生活中有必要做到诚信吗？（　　）

　A. 有必要　　　　B. 没必要

5. 您最信任的人是谁？（　　）

　A. 家长　　　　B. 老师　　　　C. 朋友　　　　D. 自己

　E. 谁都不信任

6. 您吃过别人不讲诚信的亏吗？（　　）

　A. 有　　　　B. 没有

7. 当别人没有对您信守诺言时，您会如何处理？（　　）

A. 这件事让它去 B. 了解对方未能守信的原因后再决定是否谅解

C. 再也不和他做朋友了

8. 您认为班级总体的诚信情况( )

A. 很好　　　　　B. 一般　　　　　C. 较差　　　　　D. 很差

▲ 评一评

你答应别人的事是否都做到了呢？和小伙伴一起来评一评吧！

事　　件	选项	自评	同学评
1. 答应他人的事能做到,做不到时说明原因并表示歉意。	不能做到		
	偶尔做到		
	经常做到		
2. 送出东西后不反悔。	不能做到		
	偶尔做到		
	经常做到		
3. 借他人钱物要及时归还。	不能做到		
	偶尔做到		
	经常做到		
4. 独立完成作业,不抄袭。	不能做到		
	偶尔做到		
	经常做到		
5. 勇于承认自己的错误并改正。	不能做到		
	偶尔做到		
	经常做到		
6. 不找借口向爸爸妈妈要钱。	不能做到		
	偶尔做到		
	经常做到		

续　表

事　件	选项	自评	同学评
7. 没有得到同学的许可,不随便翻别人的课桌、书包、文具盒等。	不能做到		
	偶尔做到		
	经常做到		
8. 捡到东西不占为己有,交还失主或交给老师处理。	不能做到		
	偶尔做到		
	经常做到		
9. 学习中不懂的要问老师,不要不懂装懂。	不能做到		
	偶尔做到		
	经常做到		
10. 勇于指出同学不诚实的表现,不仅自己做到诚实守信,还能带领同学诚实守信。	不能做到		
	偶尔做到		
	经常做到		

▲ **夸一夸**

小朋友,我们的生活中有许多诚信的事例,如:学校、家庭、邻里、社区,有没有值得我们学习的榜样,让我们一起来夸一夸!

▲ **做一做**

小朋友,你有答应别人而失信于他人的事情吗? 请你设计一张"承诺卡"将心里话写在卡片上并送给你的小伙伴,大声说出你的承诺,愿与同学的友谊长存!

 模块 3：争做诚信好少年

▲ **赞一赞**

小朋友们都养成了诚信的好习惯,让我们给这些信守诺言的同学点赞,并说出感谢的话。

▲ 评一评

请你评选出心目中的"诚信好少年"。

▲ 写一写

请以"我身边的诚信故事"为主题,以真人真事为内容,通过寻找、发现、体会和感悟,反映你身边的感人事迹,展示身边人诚实守信的风采。

(项目负责人:全昉)

第二章　思维，智慧的原点

思维是将外部知识内化为自身独特智慧的过程，是通过智慧复归智慧的过程。可以说，思维，是智慧的集成。用演绎推理和归纳提炼等思维样式，让儿童去展开一段充满变化和发现的旅程，感受思维的唯美。

第07件事　当个小小"买买提"

人民币,我们天天都在用,可是你曾仔细观察过这习以为常的人民币吗? 你可曾在各种币值的背景图画中发现了什么? 除了长江、黄河、昆仑、五岳,还有东海的晨曦、南湖的碧波、长白的松涛、北国的瑞雪……那么,人民币背后的故事你是否听说,人民币上一代伟人的丰功伟绩你是否了解? 让我们一起走进人民币的知识园地,去发现,去了解,去体验,感受你所不知道的人民币!

第一部分　课程纲要

▲ 课程意图

人民币是我国的法定货币,在我们的生活中起着重要作用。但对一年级的学生来说,因接触机会较少,故而对人民币仅有初步的认识。

本课程是以数学学科一年级第二学期《人民币的认识》为核心内容,与探究课进行整合的综合活动课程。通过查找资料、小组交流、集体竞赛等形式,让学生进一步了解人民币的相关知识,认识商品的价格,掌握元、角、分之间的换算关系,并通过"义卖"活动模拟购物过程,体验生活,懂得爱护人民币,合理使用人民币。

▲ 学习目标

1. 通过网络查找、伙伴交流,了解人民币的相关小知识,知道人民币的单位,掌握简单的换算。

2. 经历"义卖"活动,学会人民币的兑换,培养合理使用零花钱和爱护人民币的习惯。

学程设计

一、我是小博士

1. 找一找:通过网络查阅,了解有关人民币的相关知识。

2. 听一听:通过听讲故事,知道人民币发行的简单历史,认识面值。

3. 说一说:通过介绍交流,简单说说人民币上的人物故事或风景图案。

二、我是小算盘

1. 认一认:认识人民币的单位:元、角、分,说说币值。

2. 换一换:知道人民币单位进率,进行人民币简单换算。

3. 填一填:填写人民币的兑换、进率,评价兑换的正确率。

三、我是小商人

1. 理一理:整理物品。请一年级的同学带上书籍、全新文具或自己制作的手工艺品、书画作品等参与"义卖"活动。

2. 比一比:大家来义卖,合理购买物品。每件物品都贴上标价,价格不超过 10 元。每位同学带 20 元左右的现金,最好有零有整。义卖活动中需文明有序,不争抢。

第二部分 操作手册

"我是小小买买提"课程的内容、实施与评价如下表所示:

实施年段	模块	课时安排	实施途径	主 要 内 容	评价方式
一年级 (下)	我是小 博士	1 课时	数学课	了解历史,认识面值,说故事、介绍风景图案	学生互评
	我是小 算盘	1 课时	数学课	认识人民币的单位、运用进率进行换算	任务单
	我是小 商人	2 课时	拓展课	实践活动、提升能力	统计表

按照上述表格所示,具体操作示例如下部分:

▲ **样例**

★题

1. 人民币的单位有（　　）、（　　）、（　　）。

2. 1 元 =（　　）角　1 角 =（　　）分　1 元 =（　　）分

3. 一张 100 元可以换（　　）张 10 元。

4. 一张 50 元可以换（　　）张 20 元和（　　）张 10 元。

5. 4 张 20 元和（　　）张 10 元可以换一张 100 元。

★★题

1. 8 元 =（　　）角 =（　　）分

2. 20 元 - 2 元 =（　　）元

3. 40 元 + 5 元 =（　　）元

4. 10 元 2 角 =（　　）角

5. 4 角 + 5 角 + 6 角 =（　　）角 =（　　）元（　　）角

★★★题

1. 一张 1 元可以换（　　）张 1 角,可以换（　　）张 5 角。

2. （　　）张 2 角可以换一张 1 元。

3. 一张 5 元可以换（　　）个 1 角,也可以换（　　）个 5 角。

4. 一张 5 角可以换（　　）张 1 角,可以换（　　）张 2 角和（　　）张 1 角,还可以换（　　）张 1 分。

5. 小胖用 5 元钱买了一把 1 元 9 角的尺和一块 2 元 5 角的橡皮,找回（　　）角。

你一共得到了几颗星?

★题我对了几道?	☆☆☆☆☆
★★题我对了几道?	☆☆☆☆☆
★★★题我对了几道?	☆☆☆☆☆

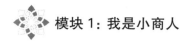

模块 1：我是小商人

理一理

义卖前的准备：

1. 整理自己的书籍（至少八成新）、文具（未使用过的）、手工艺品、书画作品等物品。

2. 每位同学带 1—2 件物品，给他们贴上标签，标上价格，但每件物品价格不超过 5 元。

比一比

1. 展位布置美观、温馨，吸引伙伴前来购买。

2. 合理的标价，方便伙伴购买。

3. 为自己的物品打宣传广告或叫卖。

任务单

小朋友，请为你的义卖物品设计一条宣传标语，让我们画一画，写一写吧！

任务单

小朋友们，怎么样才能合理使用自己的零花钱购买义卖物品呢？我们先来预算一下，再进行义卖吧！

	购 买 物 品	小 计	总 计
文具		（　　）元	
玩具		（　　）元	
书籍		（　　）元	
其他		（　　）元	

（项目负责人：沈丽萍）

第 08 件事　美化我的小天地

今天我们种下一粒种子,来日或能成为一棵参天大树。让我们展开想象的翅膀,乘上数字列车,实现心中奇梦!

第一部分　课程纲要

▲ 课程意图

每个孩子在自己的家里或许都拥有一方属于自己的小天地。或许这片天地并不是很大,也并不豪华,但一定是干净、舒适、美好的。这片小天地记载了满满的欢乐和烦恼、寄托了无尽的奇思和妙想,也一路陪伴着孩子们健康成长。

通过该课程,激励孩子们借用信息技术、利用所学的知识,按照自己的心愿去设计并美化自己心中的小天地,培养他们善于观察身边事物的能力,了解数学与生活的密切关系,并进一步提高审美情趣,以及对美好生活的不断追求。

▲ 学习目标

1. 借用相关信息技术,大致测算小天地的空间大小,根据个人喜好开展空间设计和布局。

2. 学会用数学的眼光看待世界,了解生活中时时处处都有数学的存在,且有着广泛的应用。

▲ 学程设计

一、测量我的小房间

1. 学一学:初步了解卧室的功能和作用。

2. 认一认：认识一下测量工具，如纸、笔、尺不能少。

3. 量一量：提出本次活动的任务：美化小天地——卧室。通过讨论，了解数据测算对于设计和装修房间的作用。

4. 算一算：回家在家长帮助和指导下完成对自己卧室的房型测量，如房间的长宽高、门窗的高宽和位置等等，并做好数据记录。

二、我要装修啦！

1. 看一看：欣赏卧室家居设计的各种样图，对房间设计有初步的了解。与此同时，根据草图，说说你的卧室现状，已经有了哪些家具或摆设？还想再添加些什么？请列出清单。

2. 画一画：借助电脑中的画图或者 word 工具，绘制自己房间现有的平面草图。

三、我是小小设计师

1. 做一做：学习在线设计软件"美家达人在线设计"。

2. 看一看：尝试使用在线设计软件，将自己的设计草图转变为美化效果图，并使用 PPT 工具，向大家展示自己设计的效果图，并做简单介绍。

第二部分 操作手册

"美化我的小天地"课程的内容、实施与评价如下表所示：

实施年段	模块	课时安排	实施途径	主 要 内 容		评价方式
四年级（下）	测量我的小房间	2课时	探究课	学一学	了解卧室的作用。	任务单
				认一认	认识常见的测量工具。	
				量一量	学会如何测量房间的方法。	
			数学课	算一算	学习数学计算知识。	
	我要装修啦！	2课时	探究课	赏一赏	列出房内布置清单。	装修清单
				画一画	完成草图绘制。	设计草图

续　表

实施年段	模块	课时安排	实施途径	主　要　内　容		评价方式
	我是小小设计师	6课时	探究课	做一做	学习设计软件,制作效果图。	设计效果图
				看一看	使用演示文稿进行交流展示。	演示文稿

按照上述表格所示,具体操作分成以下三个模块:

模块1：测量我的小房间

▲ 学一学

同学们,你们知道什么是卧室,卧室的作用是什么呢? 卧室,又被称作卧房、睡房,是供人睡觉、休息的房间。卧室是人们休息的主要处所,卧室布置是否美观,直接影响到人们工作、学习与日常生活,所以卧室也是家庭装修的设计重点之一。

▲ 认一认

同学们,你们有自己的卧室吗? 如果有,它就是你们自己的小天地啦! 想不想美化一下你们的卧室? 让我们先认识一下测量工具吧!

▲ 量一量

同学们,测量房间有以下几个步骤:

1. 用笔在白纸上大概画出整个房屋的平面图,每个空间大概的位置和布局需要标注在内。

2. 主要测量整个卧室的长、宽、高。

3. 测量房屋高度和长度的时候,卷尺必须紧贴地面和墙体测量,一般情况下,层高是固定的,测量一次即可。

▲ **算一算**

有一间房间(平顶),长 6 米,宽 3.3 米,高 3 米,门窗面积是 8 平方米。要粉刷它的四壁和顶面,粉刷的面积有多少平方米? 如果每平方米需要涂料 0.4 千克,一共需要涂料多少千克?

▲ **任务单**

回家在家长帮助和指导下完成对自己卧室的房型测量,并记录相关数据。比如房间的长宽高、门窗的高宽和位置等等。

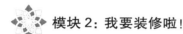 **模块 2:我要装修啦!**

▲ **看一看**

同学们,你的卧室是什么样子的? 你喜欢自己的小天地吗? 我们先来欣赏一下别的小伙伴的卧室吧!

说说你现在的卧室是怎么样的,已经有了哪些家具或摆设? 还想再添加些什么吗? 列出清单。

已有	需添加	颜色
床	床头柜	蓝色

▲ **画一画**

如要绘制自己房间的平面草图,可以借助很多计算机软件,但是操作比较简便的是 windows 系统中的画图软件。

1. 首先新建一个画图文件，然后使用矩形工具画出卧室的大概形状。

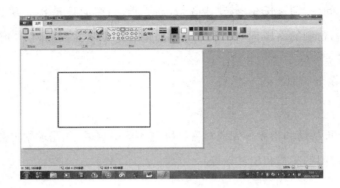

2. 然后用橡皮擦和直线工具调整卧室的具体形状。

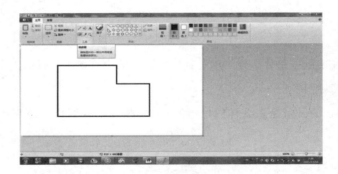

3. 画出门窗的方位以及房间里家具和电器的具体位置。

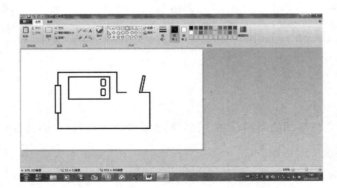

4. 可以在平面图内添加文字做解释。

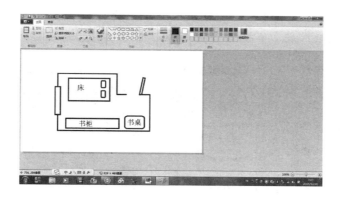

5. 将画好的平面图进行保存并打印。

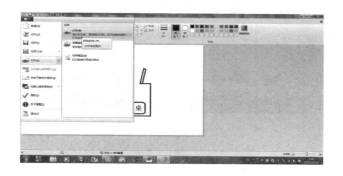

这样，一个简单的卧室平面图就出炉啦！

 模块 3：我是小小设计师

 做一做

计算机辅助设计

什么是计算机辅助设计呢？简单来说，就是利用计算机帮助我们进行设计工作。

计算机辅助设计软件有很多，例如 AutoCAD,3Dmax 等等。但是这些软件使用起来非常繁琐，有时安装起来还特别麻烦。随着网络技术的发展及普及，如今有了在线设计软件。不仅使用方便，还无需安装。

1. 打开浏览器，在地址栏中输入网址 http://www.meijiadaren.com/designer 打开页面后选择自由创建房型，并单击"创建"按钮。

2. 在左侧房型中选择卧室的形状，并拖动到右侧设计场景中。

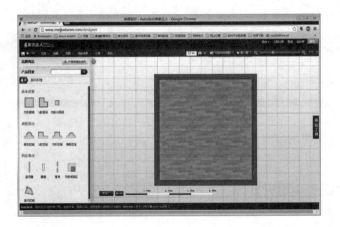

3. 根据之前测量卧室的数据，拖动墙体进行调整房间的长和宽。

4. 在左侧目录中，点击房子形状按钮，在列表中选择房间内其他部件进行添加构建。并可按照之前列出的清单，在图中添加各类家具电器及摆设。

5. 全部完成后，可以点击"3D"按钮观看不同角度的设计效果图。如果还有修改，还可切换到 2D 视图继续进行调整。

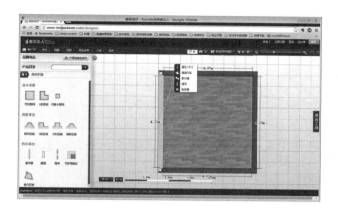

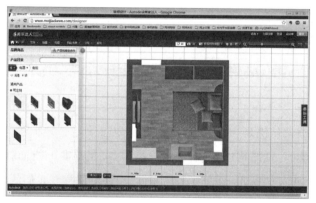

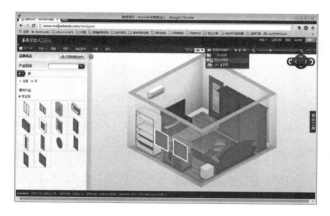

6. 房间设计全都完成后,可以选择生成设计快照或者全景图进行保存。

▲ **看一看**

学了这个在线设计软件,是不是跃跃欲试了呢？赶紧拿起你之前做好的测量数据和装修清单,使用在线设计软件,将自己的设计草图转变为美化效果图吧！

▲ **任务单**

小朋友们能否使用电子幻灯片,向大家展示自己设计的效果图呢？并做简单介绍。

（项目负责人：戚建伟）

第 09 件事　21 天赶走一个坏习惯

有人说:"习惯就仿佛是一条缆绳,我们每日为它缠上一股新索,不要多久就会变得牢不可破。"其实,习惯既可以养成,也可以打破,只是绝非一蹴而就,它需要长期的培养。让我们用 21 天的时间,赶走一个坏习惯,让好习惯改变我们的人生吧！

第一部分　课程纲要

▲ **课程意图**

好习惯是成功的基石,好习惯是成功的阶梯。人一旦养成习惯,不论是生活习惯、学习习惯或是思维习惯,就会不自觉地在这个轨道上运行,如果是好习惯,将会终身受益。

小学阶段的学生正处于良好日常行为习惯形成的关键时期,低年级作为小学的起始阶段,更是某些良好行为习惯经历从无到有、由依从向独立发展的重要阶段。把握住这个关键期,通过各方面的学习,环境的熏陶,智慧的引导,并通过一段时间的反复强化和训练来改掉自身的坏习惯,然后以更好的方式取而代之,最终使其形成良好的行为习惯，对其一生的成长发展产生深远意义。

▲ **学习目标**

1. 认识自己身上存在的坏习惯，知道它们对自己学习和生活的不利影响。

2. 掌握改掉坏习惯的方法，逐步养成好习惯。

▲ **学程设计**

一、照镜子——寻不足

1. 找一找：通过看图片寻找自己在学校、在家里、在社区中的坏习惯。

2. 填一填：指导学生写下自己的不足之处。

二、小故事——大道理

1. 听一听：

听故事，完成任务单，初步感知习惯的力量之大，好习惯成就一生，坏习惯毁人前程。

2. 夸一夸：在班级里找一找养成好习惯的学生，并以他们为榜样一起向他们学习。

三、唱童谣——改习惯

唱一唱：学唱改正坏习惯的童谣和儿歌，努力把这些坏习惯赶走。

四、我成长——记点滴

1. 做一做：帮助学生建立习惯要求，确定行动的细节，为自己设计《21 天赶走一个坏习惯》的表格。

2. 记一记：根据自身情况，确定一个坏习惯，记录自己改正坏习惯的过程，持之以恒，战胜自我。

3. 评一评：评选出在 21 天成功赶走一个坏习惯的学生，并授予"好习惯绿苗苗"称号。

第二部分　操作手册

"21天赶走一个坏习惯"课程的内容、实施与评价如下表所示：

实施年段	模块	课时安排	实施途径	主要内容	评价方式
一年级（下）	照镜子寻不足	1课时	班会课	寻找自己的坏习惯	学生互评
		1课时	亲子互动	填写自己的不足之处	
	小故事大道理	0.5课时	晨会课	完成任务单，初步感知习惯的力量	任务单
		1课时	班会课	在班级里找榜样夸一夸，并向他学习	
	唱童谣改习惯	0.5课时	2分钟预备铃	学唱童谣和儿歌，努力赶走坏习惯	师评
	我成长记点滴	1课时	亲子互动	建立要求，确定细节，设计表格	记录表
		1课时	班会课	记录并交流自己改正坏习惯的情况	
		0.5课时	晨会课	评选出在21天成功赶走一个坏习惯的学生，并授予"好习惯绿苗苗"称号	

按照上述表格所示，具体操作分成以下四个模块：

 模块1：照镜子　寻不足

▲ 找一找

人一生中，可能会养成好习惯，也会养成坏习惯。一个好习惯能让人终生受益，一个坏习惯会对我们的日常生活、学习带来许多不便和不快。小朋友，你已经是一个小学生了！为了让我们变得更棒，我们一起来找找，在我们身上还有哪些地方还需要改进？

填一填

请同学们反思自己，写上自己的不足。

✤ 模块2：小故事　大道理

▲ 听一听

习惯的力量是巨大的，所以我们在学习和生活中要养成好习惯，千万不能允许自己养成坏习惯，一旦养成，就很难改掉了，就算知道危害很大，也无济于事。

听讲故事（一）：青蛙和蝎子

蝎子要过河，它向善良的青蛙求助。青蛙说，你有毒，万一你蜇我怎么办？蝎子说，我蜇了你我也会沉入河底的。善良的青蛙觉得有道理，于是背起蝎子过河。游到河中央的时候，蝎子还是蜇了青蛙。在沉入河底的那一刻，青蛙问蝎子，为什么明知道会沉入河底，你还要蜇我？蝎子缓缓说到，因为这是我的天性。

讨论：从这个故事中你知道了什么？

听讲故事（二）：父子赶牛车

有父子俩住山上，每天都要赶牛车下山卖柴。老父较有经验，坐镇驾车，山路崎岖，弯道特多，儿子眼神较好，总是在要转弯时提醒道："爹，转弯啦！"

有一次父亲因病没有下山，儿子一人驾车。到了弯道，牛怎么也不肯转弯，儿子用尽各种方法，下车又推又拉，用青草诱之，牛一动不动。到底是怎么回事？儿子百思不得其解。最后只有一个办法了，他左右看看无人，贴近牛的耳朵大声叫道："爹，转弯啦！"牛应声而动。

大道理：

对牛来说，这是一种条件反射，很多东西都是靠条件反射活着的，而人则靠习惯生活。一个成功的人懂得如何培养好的习惯来代替坏的习惯，当好的习惯积累多了，自然会有一个好的人生。正所谓"习惯决定人的命运"。

八大良好习惯,七大不良习惯

八大良好习惯:①勇于表现自己;②做事有序;③待人有礼貌;④喜欢交往;⑤做事遵守规则;⑥爱护环境;⑦敢提问题、敢于发表见解;⑧喜欢新事物。

七大不良习惯:①学习不爱刻苦钻研,常常被动学习;②喜欢依赖别人;③害怕承担责任;④在交往中容易伤害别人;⑤不爱劳动;⑥任性,做事经常以自我为中心;⑦在消费中,盲目、攀比、炫耀。

▲ 夸一夸

说说小朋友在干什么? 他哪里做的非常好? 你能用一句完整的话说出来吗?

▲ 填一填

> 我的榜样_____
>
> 向他学 1. _____
>
> 　　　 2. _____
>
> 　　　 3. _____
>
> 我送小红花。
>
> ✸ ✸ ✸

模块三：唱童谣　改习惯

▲ 唱一唱

小朋友,我们一起来学唱好习惯儿歌:《评前准备歌》、《校园文明歌》、《值日生儿歌》……努力赶走自己的坏习惯,让"好习惯"伴我们快乐成长!

模块四：我成长　记点滴

▲ 做一做

小朋友,我们自身存在哪些坏习惯呢? 好好想想,让我们一起写下来,请老师、家长、同学共同监督,努力赶走它吧!

(1)写下你目前的坏习惯给你的生活带来的影响:

_____

(2)写下你希望加以改进的习惯: _____

(3)你希望达到的目标: _____

(4)设想改掉旧习后将给你带来的好处: _____

(5)制定行动的细节,设计《21天赶走一个坏习惯》的表格,求得老师、家长、同学的支持与帮助，共同监督，改正坏习惯。

训练项目＼天数	1	2	3	4	5	6	7	8	9	10	11	12	13	14	15	16	17	18	19	20	21

使用说明：

1. "训练项目"是指你需要改掉的坏习惯。

2. 随时或每天睡觉前，在方格中用"√"或"○"记录一天的执行结果。"√"表示已做到，包括刻意做的与不经意做的。"○"表示未做到，包括没有做好的与没有做而事后意识到的。

3. 每一个"○"都会有一个故事，请你以日记的形式记录下来，以便强化。

4. 一旦一个"训练项目"出现中断的情况，必须重新开始计算持续天数。

▲ 记一记

每天早上和晚上睡觉之前，你要坚持对自己说："我最棒！"或者"我一定行"，每天至少对自己说三次，长期坚持下去，你就会拥有良好的心态，无论做什么事情，都会对自己充满信心。让我们一起记录自己改正坏习惯的过程，持之以恒，战胜自我吧！

▲ 评一评

小朋友，通过 21 天的不懈努力，你们改正自己的坏习惯了吗？让我们大家来交流一下你们的情况吧！

评选出在 21 天成功赶走一个坏习惯的学生，并授予"好习惯绿苗苗"称号吧！

（项目负责人：方燕清）

第 10 件事　换个角度看世界

现在的城市人类，习惯了行走在由钢筋水泥搭建的城市丛林中，对眼前的风景，有时只见其中一面，却忽略了另一面。然而世界是绚烂多姿的，同样的风景，在不同人的眼里是截然不同的，只要调整自己的观察角度，你眼前的世界将变得更丰富立体。

第一部分　课程纲要

▲ 课程意图

"知识就是力量"，然而在信息时代，知识已不仅仅是单纯的机械记忆和一般应用了，它必须触类旁通，装上"创造力"这一翅膀，才会更磅礴有力。

培养"多渠道认识事物、多角度看待事物"的思维方式，将有助于学生同理心、创造力的养成。"换个角度看世界"特色课程，正是帮助学生在学习、互动、实践的过程中，学会用新方法、新渠道观察事物，学会从不同角度认识事物。

▲ 学习目标

1. 知道人类认识事物有多种方式，借助照相机、放大镜、显微镜等工具观察事物；通过优秀报纸杂志、电视节目、网络节目等媒介认识世界。

2. 知道人类大脑的基本构成，学会从不同角度理解事物。

▲ 学程设计

一、镜头中的世界

1. 超级黄金眼

（1）圈一圈：找出能帮助我们认识周围事物的工具。

（2）议一议：为什么这些工具能帮助我们认识周围世界？

2. 认识照相机

（1）猜一猜：了解照相机的功能，观察摄影作品，发挥想象猜猜语言。

（2）拍一拍：拍摄感兴趣的人或事，交流拍摄缘由和感受。

3. 认识放大镜

（1）找一找：寻找适合用放大镜观察的事物。

（2）比一比：交流用放大镜观察到的物体，与用肉眼观察到的有何不同。

4. 认识显微镜

（1）查一查：寻找适合用显微镜观察的事物，并进行观察记录。

（2）画一画：动手画出显微镜下生物的形态，并和伙伴交流与肉眼看到的不同之处，了解显微镜的用途。

二、打开世界大门的钥匙

1. 读书走向世界

填一填：推荐适合小学生阅读的报纸杂志和好书书名。

2. 纪录片编辑室

看一看：欣赏人与自然的纪录片，交流感受与体会。

3. 网络连接世界

（1）说一说：交流上网的方式，知道适合小学生浏览的网站。

（2）辩一辩：通过辩论，了解上网的利弊，学会正确有节制地使用电子产品。

三、思维跳跳糖

1. 认识我们的大脑

（1）读一读：了解"脑"的科普知识。

（2）写一写：完成"头脑知识问答"及"影响大脑发育不良习惯"的知识点。

2. 认识创造性思维

（1）连一连：把伟大的发明和自然界的事物联系起来。

（2）找一找：还有哪些发明创造和自然界的事物有关？

（3）读一读：名人的"尤里卡时刻"。

(4) 说一说：你还知道哪些科学家的发明小故事？

3. 换个角度看问题

(1) 比一比：眼力大考验

(2) 写一写：你的心得体会

4. 换个角度想问题

(1) 读一读：阅读小故事

(2) 选一选：如果你是商人的女儿，你会如何选择？

(3) 写一写：这个故事告诉我们什么？把你的想法写下来。

5. 训练我们的头脑

(1) 想一想：袜子有什么用？设想出"袜子"的至少十种不同的用途。

(2) 说一说："水"、"铅笔"、"香蕉"等事物的十种用途分别有哪些？

(3) 学一学：采用"串联联想记忆法"来记忆词语。

(4) 写一写：采用"串联联想记忆法"记忆词语，并串联成一个故事写下来。

第二部分　操作手册

"换个角度看世界"课程的内容、实施与评价如下表所示：

实施年段	模块	课时安排	实施途径	主要内容	评价方式
五年级（上）	《镜头中的世界》	1课时	自然课	初步认识照相机、放大镜、显微镜	任务单
		1课时	探究课	欣赏图片，拍摄并讲解照片，分享感受	
	《打开世界大门的钥匙》	2课时	探究课	记录优秀网址、书籍纪录片指南，欣赏纪录片并分享感受	任务单
	《思维跳跳糖》	3课时	探究课	认识我们的大脑，训练思维方法	自评

按照上述表格所示，具体操作分成以下三个模块：

 模块 1：镜头中的世界

超级黄金眼

▲ **圈一圈**

圈一圈，哪些工具可以帮助我们认识周围的事物？

▲ **议一议**

同学们，为什么这些工具可以帮助我们认识周围的事物？

认识照相机

▲ **猜一猜**

照相机有哪些功能，你在什么时候会用到照相机？

仔细观察下列摄影师拍的照片，里面可能藏着一段有趣的故事呢！发挥想象，和你的小伙伴讨论一下，猜一猜图中的人或动物可能在说些什么？

▲ **任务单**

欣赏美丽的校园照片,说一说你对校园有了哪些新的认识和了解？为每一张照片取一个好听的名字,并写下来。

▲ **拍一拍**

将自己感兴趣的人、事、物拍成照片,谈一谈拍摄这张照片的缘由和感受。

认识放大镜

▲ **找一找**

图中哪些事物适合用放大镜观察？

▲ **比一比**

放大镜下物体的形态与肉眼看到的样子有何不同？说一说你的发现。

认识显微镜

显微镜是由一个透镜或几个透镜的组合构成的一种光学仪器，是人类进入原子时代的标志。主要用于放大微小物体，并让人的肉眼能清晰看到。显微镜分光学显微镜和电子显微镜：光学显微镜于 1590 年由荷兰的詹森父子首创。现在的光学显微镜可把物体放大 1 600 倍，分辨的最小极限达 0.1 微米。国内显微镜机械筒长度一般是 160 mm。

▲ **查一查**

哪些事物适合放到显微镜下观察？请你记录下来。

▲ **画一画**

仔细观察并画出显微镜下生物的形态，并说一说与肉眼看到的有什么不同。

 模块 2：打开世界大门的钥匙

读书走向世界

▲ **填一填**

你知道适合小学生阅读的报纸杂志和书籍有哪些吗？

纪录片编辑室

欣赏一段人与自然的纪录片，谈一谈你的感受与体会。

▲ **任务单**

你知道哪些优秀纪录片的名字、播出时间和播出频道？

网络连接世界

▲ **说一说**

上网的方式有哪些？

▲ **任务单**

适合小学生浏览的网站有哪些？

▲ **辩一辩**

请你和小伙伴们以《上网的利与弊》为话题进行一场辩论赛！

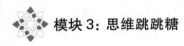 **模块3：思维跳跳糖**

认识我们的大脑

🔻 **读一读**

同学们，一起了解"脑"的科普知识吧！让我们阅读资料，去了解脑干、小脑和大脑的不同功能！

🔻 **写一写**

头脑风暴

1. 我是科学家、数学家，我归类整理，我分析策略，我是词汇和语言的大师，我是_____脑。

2. 我富有创造力，我是空白帆布上作画的渴望，我是热爱艺术、诗歌，我是_____脑。

3. 呼吸和心跳是由_____来传递的。记忆是由_____来控制的。

🔺 **任务单**

生活中，总有一些人认为自己很笨，没有别人聪明。但是他们不知道，自己之所以没能取得好成绩、甚至取得成功，很有可能和损害大脑的不良习惯有关。

请你勾出以下你认为会影响大脑发育的不良习惯：

☐长期饱食　　☐睡眠不足

☐不吃早餐　　☐蒙头睡觉

☐甜食过量　　☐空气污染

☐长期吸烟　　☐不愿动脑

认识创造性思维

思维是人的一种脑力活动，而创造性思维，是一种具有创新意义的思维活动。这种思维方式，在遇到问题时，能从多角度、多侧面、多层次、多结构去思考，去寻找答案，既不受现有知识的限制，也不受传统方法的束缚，又称发散性思维。

▲ **连一连**

　　仔细观察图片，你能把伟大的发明和自然界的事物联系起来吗？

▲ **找一找**

　　你还知道哪些发明创造和自然界的事物有关？

▲ **读一读**

名人的"尤里卡时刻"

据说阿基米德曾受命判断一个王冠的比重，可是他不知道怎么精确计算王冠的体积。阿基米德一边想着这个问题一边去公共浴池洗澡，他一入浴缸，水正好溢出来——在这电光火石的一刹那，阿基米德福至心灵：王冠的体积就是王冠排出的水的体积！想到这里阿基米德大喊数声"Eureka!"

尤里卡，这个古希腊单词的意思是"我发现了"。从此凡是只能用神秘灵感来解释的重大发现就不只叫"发现"了，叫"尤里卡时刻"。

▲ **说一说**

你还知道哪些科学家的发明小故事？和你的小伙伴交流一下。

（项目负责人：夏凯琳）

第三章　探索，梦想的星空

　　假如当年牛顿对落下的苹果视而不见，就不会有万有引力的发现；假如瓦特当时未对壶盖的顶起与落下产生兴趣，蒸汽作用的发现可能还会延后许多年。让我们引领儿童探索未知，激发好奇，感受美好！

第11件事　玩转"科学"

　　神秘莫测的大自然,蕴含着匠心独运的生存智慧,不断编写着人与自然的"奇遇"记。科学世界旖旎玲珑,对它的探究,源于人们无限的好奇心与求知欲。探索科学世界需要我们用慧眼去发现、双手去实践、恒心去坚持。

第一部分　课程纲要

▲ 课程意图

　　学生眼中的世界是一个充满未知、充满色彩、充满好奇的世界。但是当今的学生普遍缺乏课外探究活动的时间、毅力、能力,以及家长的支持。

　　本课程以师生游戏、伙伴游戏、亲子游戏为载体,将科学探究从课堂拓展到课间,再延伸到家庭,使学生探究活动的时间和空间得以发展。课程中的科学游戏充分利用学校资源、自身资源及家庭生活资源,通过情景引发学生深入思考,借助游戏感受探究过程,用"支你一招"引导学生积极探讨游戏奥秘,用"真相大白"验证他们的科学发现。学生在一系列的活动中,慢慢体会探究的乐趣,提高探究的能力,懂得"科学源于生活,只要坚持就能发现更多更有趣的大自然奥秘"。同时,本课程致力于帮助学生逐渐领悟在科学探究过程中,领悟到良好的师生互动、生生互动、亲子互动的重要性。

▲ 学习目标

　　1. 通过科学现象的呈现,激发探索科学问题的兴趣,初步获得探索问题、解决问题的能力,从而理解简单的科学现象。

　　2. 通过科学小游戏的实践过程,逐步了解、学习、熟悉科学研究的一般规则,形成严谨的科学态度。

3. 通过师生互动、生生互动及亲子互动的科学游戏活动,习得团队合作精神,学会建立良好的师生关系、伙伴关系、亲子关系。

▲ 学程设计

一、师生游戏(自然课)

1. 问一问:借助事物的有趣现象,引发思考,激发探究兴趣。

2. 做一做:在教师的指导下,有目的地开展游戏活动,并在活动中留意现象的变化,养成良好的观察习惯。

3. 议一议:借助"支你一招",帮助学生在七嘴八舌的讨论中展开自己对游戏现象的分析,逐步培养分析推理的能力。

二、亲子游戏(家庭中)

1. 问一问:通过呈现一个生活现象,让学生和家长产生疑惑。

2. 做一做:学生与家长利用身边的生活用品,来完成游戏活动,验证现象的真实性。

3. 记一记:通过拍摄、描绘游戏现象等形式,记录下游戏的过程,并讲讲自己的发现。

三、伙伴游戏(课间、班会课)

1. 试一试:借助人体器官无法完成一些简单的任务,引发好奇心,主动尝试探究。

2. 帮一帮:通过伙伴共同游戏,学会合作与分享。

3. 议一议:通过实践,共同分析,得出游戏现象的科学答案。

第二部分 操作手册

《玩转"科学"》课程内容、实施与评价如下表所示:

实施年段	模块	课时安排	实施途径	主　要　内　容	评价方式
一——五年级	师生游戏	1课时	科技节（自然课）	借助事物的有趣现象，引发思考，激发科学探究的兴趣，了解生活中的科学常识。	"七嘴八舌"讨论、师生互评
	伙伴游戏	1课时	科技节（课件休息）	借助人体器官无法完成的一些简单任务，引发好奇心，主动尝试探究。	学生互评
	亲子游戏	/	科技节（家庭中）	呈现一个生活现象，让学生和家长产生疑惑。利用身边的生活用品来完成游戏活动，验证现象的真实性。	小报、照片、视频

按照上述表格所示，具体操作分成五个年级各三个模块（以一年级为例）：

一年级：

模块1：师生游戏（冒汗的鸡蛋）

问一问：小朋友，鸡蛋在母鸡的腹部下进行孵化时，鸡蛋中的小鸡胎儿是怎样呼吸的？

▲ **做一做**

游戏器材：洗净的鸡蛋、放大镜、两支注射器、红墨水

游戏步骤：

1. 用放大镜观察鸡蛋的表面。

2. 用注射器在蛋壳上刺一个小眼，将蛋清和蛋黄全部抽出。

3. 从小眼内往蛋壳里注入红墨水。

4. 将空注射器的空气由小眼注入蛋壳内。

小贴士：

1. 选择有颜色的液体有利于观察现象；

2. 注射器有细针头，不能对着小伙伴。

▲ **议一议**

我看到_____

支你一招： 空气对物体有挤压力，而水能从很小的缝隙中渗出。

我猜想：_____

真相大白：

鸡蛋会冒汗，是因为用注射器向鸡蛋的小孔中注射空气时，较大的压力将蛋中的红墨水从各个气孔中挤出来，形成了鸡蛋"冒汗"的现象。蛋壳表面有无数小孔，它是空气进出的门户，称为气孔。鸡蛋孵化成小鸡前，壳内的小鸡胎儿就是透过气孔进行呼吸的。

 模块2：亲子游戏

牙签的"朋友"和"敌人"

问一问：

小小的牙签喜欢和糖做好朋友，对香皂却敬而远之，难道牙签也和小朋友们一样，爱吃糖吗?

 做一做

游戏器材：两根牙签、两盆水、一块方糖、一块香皂

游戏步骤：

1. 将两根牙签分别轻轻地放进两个水盆里。
2. 将方糖放进其中一个水盆,方糖需离牙签稍远一点。
3. 将香皂放进另一个水盆,香皂要离牙签近一点。

小贴士：游戏中,无论放置哪个物品,都要小心轻放。

真相大白：

 记一记

当我们把方糖放入水盆时,糖会吸收一部分水分,所以水会流向糖,牙签也就跟着水流一起漂到了方糖那里。香皂所含的去污成分,能减弱水的表面张力,牙签就被张力强的地方拉过去,因此,牙签便渐渐远离小香皂。

通过拍摄、描绘游戏现象等形式，记录下游戏的过程，并讲讲自己的发现。

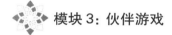 **模块3：伙伴游戏**

手掌上的"洞"

小朋友，手掌没有受伤流血，却平白无故多个"洞"，你相信吗？

试一试：

游戏器材：广告纸

游戏步骤：

1. 将广告纸卷成纸筒。

2. 闭上右眼，左眼透过纸筒向前看。

3. 右手掌在纸筒的右侧，右眼不能睁开。

4. 轻轻数到3，睁开右眼，你发现右手掌怎么了？

小贴士：1. 右手要紧贴着纸筒，并略高于纸筒口。2. 游戏中，可根据自己的习惯选择紧闭右眼或左眼。

帮一帮：通过伙伴共同游戏,学会合作与分享。

▲ **议一议**

通过实践,共同分析,得出游戏现象的科学答案。

真相大白：当我们用左眼看东西时,那只紧闭的右眼会自动调整焦距,当你睁开右眼时,它的焦距正好适合看左眼看到的物体。而左眼和右眼看到的东西发生了变化,这把大脑搞糊涂了,大脑只能把两个不同的画面混在一起,所以,你看到自己的手掌出现了一个洞。

加油站：眼睛能观察到各种光线的亮度、颜色和类型,然后将光线转化成不同类型的神经信号,传入大脑。

（项目负责人：林青）

第 12 件事　重回自己曾经居住的地方

那满山的青松像绿色的海洋,松涛声像那交响乐章……而故乡的巨大变化更时时牵动着每一颗游子的心。一年四季,无论何时起程回家,一路上,故乡的山水风光,丰富多样的物产,都会映入你的眼帘,激荡着你的心弦,令你激动不已,回味无穷……

第一部分　课程纲要

▲ **课程意图**

童年是人生中最宝贵的一段记忆,值得永远回味、品尝,而自己或者是爷爷奶奶小时候曾经居住的地方,是这一切美好回忆的开始,肯定有着自己的独特情愫,或许它只是一个简朴的乡村,或许是一个不怎么样的小区……可是,当我们随着年龄的增长,我们会怀念家乡泥土的芬芳，怀念曾经邻里的呵护，怀念儿时在家乡的快乐。

课程"重回自己曾经居住的地方"的开发，旨在带领孩子重回自己曾经居住的地方，感受社会变迁与生活美好。同时，在孩子的成长过程中，逐渐帮助他们在人和社会的交互作用中形成个性，完成儿童社会化这一过程。

▲ 学习目标

1. 重回自己曾经居住的地方，了解当时的人文环境，感受上海国际大都市的变迁与飞速变化。

2. 重回自己或者爷爷奶奶曾经居住的地方，在情感体验、视觉体验、心灵感悟中，展望更美好的生活。

▲ 学程设计

一、探寻家乡地

1. 查一查：认识家庭户口本，查询自己的祖籍。

2. 拍一拍：拍摄自己以前的居住地和祖籍（包括周围环境）。

3. 搜一搜：认识方位地图，设计从居住地到祖籍之间的路线图。

二、美丽家乡行

1. 学一学：了解与家人自驾行的过程，感受家乡的风土人情、历史文化。

2. 访一访：向爷爷、奶奶老一辈人了解自己家乡居住地的环境、文化、风土人情。

3. 走一走：亲子游，家乡行，感受家乡的文化特色。

三、绘我家乡美

1. 学一学：把探访收集到的资料进行梳理、筛选、归类（人和物）。

2. 做一做：利用家校资源及信息课学到的本领进行真实、个性化的小报、PPT 的制作。

四、分享交流会

1. 说一说：交流家乡行的所见所闻，分享自己的感受。

2. 评一评：作品评价，感受作者对家乡之行的美好体验。

第二部分　操作手册

"重回自己曾经居住的地方"课程、课时的内容、实施与评价如下表所示：

实施年段	模块	课时安排	实施途径	主　要　内　容	评价方式
四年级 （下）	探寻家乡地	1课时	校班会	认识户口本，了解自己的祖籍在哪儿，知道从居住地前往家乡的途径及最佳路线。	任务单
	美丽家乡行	2课时	品社 亲子活动	通过对人文特色的对比，领悟社会的变迁。 1. 与家人一起回家乡，感受家乡的风土人情、历史文化。 2. 通过访问，体会时代的变化。	学生互评
	绘我家乡美	2课时	探究课	学生通过制作"绘我家乡美"为主题的文档，表达对家乡的热爱。	学生互评
	分享交流会	2课时	校班会	学生通过夸夸家乡来增强热爱家乡的思想感情。	学生互评

按照上述表格所示，具体操作分成以下四个模块：

 模块1：探寻家乡地

 查一查

小朋友，每个家庭都有一本这样的本子，你在家中看到过吗？你知道这本本子叫什么吗？

这是小芳家的户口本，小芳的家乡在<u>江苏省扬州市</u>，居住在<u>人民路 88 弄</u>。

▲ **填一填**

小朋友，你的家乡在哪里呢？从自己家的户口本上找到自己的家乡和住址填一填。

我的家乡住址在_____省（市），居住在_____。

▲ **拍一拍**

请用相机拍下你家乡的景色吧！

▲ **搜一搜**

小芳用网络地图搜寻从现在的居住地，上海浦东新区到家乡扬州的出行线路图。

<u>起点上海市浦东新区</u>，途径 <u>G2 京沪高速</u>、<u>G42 沪蓉高速</u>、<u>G4011 扬溧高速</u>，终点<u>江苏省扬州市人民路 88 弄</u>。距离 <u>260.3</u> 公里，用时 <u>3 小时 21 分</u>。

▲ **任务单**

选用网络地图，搜寻一条从你现在的居住地到家乡某个地点的出行路线图，要求花费时间最短，距离最近的路线。

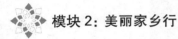 **模块 2：美丽家乡行**

▲ **学一学**

小芳在"家乡行"中记录了家乡的历史风貌、名胜古迹和美食佳肴,还用相机拍下了一路的美景和美食。

扬州——历史悠久的美丽城市

瘦西湖,扬州最具代表景区,2010 年成为扬州首家国家 5A 级旅游景区。

瘦西湖园林群景色怡人,融南秀北雄为一体,有"园林之盛,甲于天下"之誉。

何园晚清第一园。清代后期扬州园林的代表作,为全国重点文物保护单位,是扬州的园林特色和风格的体现。

扬州美食名扬天下,有狮子头、扬州炒饭、扬州干丝等。

▲ **访一访**

采访自己的长辈或当地居民,寻找居民生活中的变化,可以从建筑、服饰、饮食等方面进行采访,用你喜欢的方式记录下来。

▲ **走一走**

小朋友,你也想和家长一起参与"亲子游"吗？一起来感受你家乡的变化,把这些美景记录在相册中。

 模块 3：绘我家乡美

▲ **学一学**

请你在自己与家人家乡之行后,将一路上所见、所闻、所想制作一份小报,并适当地运用在 word 中插入文件图片、改变图片的位置和大小、调整图片的效果、为图片添加边框等方法。

▲ **做一做**

小朋友，学着图例来向大家介绍一下你的家乡吧！可以用相机、文字、画笔或小报记录自己的家乡，试着从历史、美景、美食、民俗、名人古迹、环境、文化、风土等方面来介绍哦！

 模块 4：分享交流会

▲ **说一说**

每个小朋友都热爱自己的家乡，把你所了解的家乡内容在我们"家乡我为你自豪"主题队会中和伙伴们一起分享交流吧！

▲ **评一评**

哪个同学的介绍给你留下了很深的印象，一起来做点评。

姓名	内容形式	表达	小组评价
			☆☆☆☆☆
			☆☆☆☆☆
			☆☆☆☆☆

（项目负责人：胡毅敏）

第 13 件事　博物馆之行

五千年风霜雪雨，八千里山川河岳，身为一个中国人，你是否倍感荣耀？你知晓祖国丰富的历史沉淀吗？你见识过岁月更替和沧海桑田吗？

如果你也想了解历史,抚今追昔,博物馆便是最好的去处。那里汇集、陈列了代表自然和人类文化遗产的实物,同时也为大家了解、欣赏有科学性、历史性、艺术性的物品提供便利。

来,和我一起,开启博物馆奇妙之旅吧!

第一部分　课程纲要

▲ 课程意图

博物馆作为人类文明记载、传承、创新的重要基地,承担着记录过去、反映现代和展望未来的重要职责,作为一个城市乃至国家的文化符号,承载了丰富的文化内涵。

本课程通过参观不同类别的博物馆,如历史博物馆、昆虫博物馆等,引导学生从中学习知识,寻找共鸣,认识现实与历史的关系,认识人与自然的联系,共同探索与发现,同时掌握参观博物馆的礼仪,学会文明参观。

▲ 学习目标

1. 直观地了解不同博物馆所承载的文化内涵,加深对民族、地域历史文化或自然环境等的了解、理解和尊重,开阔眼界,增长见识,提高综合素养,增强探索意识和学习兴趣。

2. 通过参观博物馆,掌握参观博物馆的礼仪,学会文明参观,培养规则意识和礼仪知识,自觉遵守秩序,爱护文物和公共设施。

▲ 学程设计

一、超级动漫来观赏

1. 查一查:查找并初步了解上海动漫博物馆的基本信息。

2. 看一看:参观博物馆,观赏其中古今中外的各种动漫。

3. 找一找:寻找古今中外的各种动漫人物。

4. 画一画：画一画自己喜欢的动漫形象。

二、我和昆虫交朋友

1. 查一查：查找并初步了解昆虫的基本信息，了解昆虫与人类的关系。

2. 认一认：认识一下几种常见的昆虫。

3. 选一选：完成选择题，检测有关昆虫的小知识。

4. 连一连：完成连线题，了解蚂蚁的外形特征、分工等知识。

5. 猜一猜：猜一猜谜语说的是什么昆虫。

6. 画一画：画下自己最喜欢的昆虫。

三、民防知识我知道

1. 学一学：了解紧急报警电话、地震避险、火灾处理等相关信息。

2. 认一认：认识三种不同的灭火器。

3. 想一想：思考使用灭火器的步骤。

四、自然博物馆之行

1. 读一读：学习参观博物馆需要注意的礼仪事项。

2. 看一看：在参观博物馆之前，对自然博物馆的外型、面积、场馆等信息做初步了解，明确参观的大致路线。

3. 走一走：沿着"起源之谜"、"生命长河"、"演化之道"、"生态万象"、"缤纷生命"、"大地探珍"、"探索中心"的顺序，对博物馆进行参观。

4. 画一画：画下自己最喜欢的动物或植物。

5. 写一写：思考动植物的外表颜色与其生存环境的关系，并把答案写下来。

6. 画一画：画出远古时代恐龙的颜色。

五、参观上海博物馆

1. 读一读：阅读上海博物馆的相关基本信息。

2. 查一查：自己查找上海博物馆的相关信息，并完成填空。

3. 学一学：在参观博物馆之前，学习参观礼仪。

4. 画一画：画出自己喜欢的文物或标本。

5. 写一写：写下自己对文物的探寻结果。

6. 评一评：对自己参观博物馆的整个过程，包括前期准备、参观考察、小结反馈，进行自我评价。

第二部分　操作手册

实施年段	模块	课时安排	实施途径	主　要　内　容	评价方式
一年级	《超级动漫来观赏》	4课时	班会课、社会实践	了解动漫博物馆的功能，尤其是了解动漫博物馆中陈列的具有历史意义的作品。	任务单
二年级	《我和昆虫交朋友》	4课时		指导完成参观昆虫博物馆的任务单，让学生有目的、有内容地了解昆虫，并对昆虫产生兴趣，愿意与昆虫交朋友。	任务单
三年级	《民防知识我知道》	4课时		通过参观上海民防科普教育馆学习防火安全知识，让学生了解火灾中各种逃生自救的办法。	任务单
四年级	《自然博物馆之行》	4课时		对自然博物馆有一个大概的了解，通过查找资料对参观对象有个初步的概念。	任务单
五年级	《参观上海博物馆》	4课时		在参观上海博物馆的过程中初步感受中华民族博大精深的文化底蕴和悠久历史，加强爱国意识。	任务单

微课程"博物馆之行"共计20课时，分别实施在五个年级，根据课程内容和孩子们的年龄特点，运用灵活的学习方式，通过班会课、社会实践等途径实施。

部分教学设计如下。

 模块1:超级动漫来观赏

 查一查

动漫博物馆位于上海浦东新区张江路69号北侧，在上海张江高科技园区内的张江文化产业地带核心区域。

▲ **看一看**

看一看动漫博物馆中古今中外的各种动漫

▲ **找一找**

找一找古今中外的各种动漫人物。

美国队长　　　　　钢铁侠和雷神　　　草原英雄小姐妹　　　三个和尚

玩具总动员　　　　蜘蛛侠

▲ **找一找**

寻找身边你喜欢的动漫形象,画一画,剪一剪,贴一贴。

✿ **模块 2：我和昆虫交朋友**

上海昆虫博物馆

上海昆虫博物馆是上海青少年科普教育基地,经过 100 多年的开创和发展,珍藏着一大批濒危珍稀昆虫标本及国际和国内的危险性检疫害虫标本,是我国大型的专业昆虫馆。

▲ **查一查**

什么是昆虫?

昆虫是自然界中种类最多、数量最大、分布最广的一类生物。从某种意义上来说,昆虫也是地球的主人之一。全世界已知昆虫有 100 多万种,占已知动物种类总数的 2/3 以上,地球上无处没有昆虫的踪迹。昆虫离我们是如此之近,但人类对它的了解却是如此缺乏,许多种类在人类未认识它们以前,就从地球上永远地消失了。

▲ **认一认**

独角仙

纺织娘

蝗虫　　　　　　　　　　七星瓢虫　　　　　　　　　天牛

▲ 选一选

1. 在下面的动物中属于昆虫的是（　　　）。

A. 蝴蝶　　　　　　　B. 青蛙　　　　　　　C. 蛇

2. 蝴蝶喜欢吃的食物是（　　　）。

A. 树叶　　　　　　　B. 花蜜　　　　　　　C. 小虫

3. 我国昆虫界有（　　　）种昆虫被列入国际一级保护动物。

A. 1　　　　　　　　B. 10　　　　　　　　C. 50

4. 蝴蝶一般在（　　　）出来活动。

A. 白天　　　　　　　B. 晚上

5. （　　　）被称为昆虫界的"大力士"。

A. 蚊子　　　　　　　B. 蜜蜂　　　　　　　C. 蚂蚁

▲ 连一连

在蚂蚁王国里：

负责寻找食物　　　　蚁后　　　　长有大牙

负责保卫家园　　　　工蚁　　　　身体较小

负责产卵　　　　　　兵蚁　　　　身体粗大

▲ 猜一猜

猜谜语

一家兄弟万万千，　　　　　幼时着黑衣，

辛勤劳动在花间，　　　　　长大穿白袍，

酿得百花成蜜后，　　　　　到老留下一卷丝，

却把营养献人间。（　　）　　献给人们做花袄。（　　）

▲ **画一画**

请你把你在博物馆看到的最喜欢的昆虫画下来！

▲ **评一评**

前期准备：

我熟知参观礼仪。　　　　　　　　　☆☆☆

我了解参观馆的基本情况。　　　　　　☆☆☆

我明确本次参观任务。　　　　　　　　☆☆☆

参观考察：

我能遵循参观礼仪。　　　　　　　　　☆☆☆

我能与队员分工合作。　　　　　　　　☆☆☆

我找到了自己感兴趣的参观内容。　　　☆☆☆

小结反馈：

我用收集的素材,完成任务单。　　　　☆☆☆

我与组员共同完成实践小报。　　　　　☆☆☆

我能在全班面前交流。　　　　　　　　☆☆☆

（项目负责人：王攀）

第 14 件事　聆听大自然

大自然,蕴含着太多的奥妙和神奇：飘落的花瓣是春的缩影,幼嫩的果子是夏的

启程,风起云涌推动着季节的变换,电闪雷鸣响彻在宇宙的胸怀……我们生活在大自然的怀抱里,我们梦想着拥有和大自然一起浪漫,诉说情怀的机会……

第一部分 课程纲要

▲ 课程意图

日月运行皆依自然定律,万物生长皆按自然法则。在自然之母的指引下,万物生灵才得以根生土长、生息繁衍,人类也不例外。人由自然脱胎而来,也是自然界的一部分,其与自然的关系是相互依存、相互渗透的,因而了解自然、尊重自然是人类不断延续发展的必然要求。当前部分学生缺少亲近自然的机会,少有拥抱自然的情怀,缺乏感受自然的能力。在此背景下,本课程试图培养学生热爱自然的情感,增强探究自然奥秘的兴趣和欲望,帮助学生领悟到人类作为高度智慧的动物,在利用自然资源、改造自然以造福人类的同时,应该尊重自然,保护自然,不能因一己私利而破坏自然等道理。

▲ 学习目标

1. 通过聆听大自然的声音,描绘大自然的色彩,感受自然界的魅力,体会自然之美,从而热爱、珍惜自然。

2. 通过喂养小动物,了解常见动物食性的相关知识,体验喂养情趣和自然的生命力,懂得与自然和谐相处,尊重自然。

▲ 学程设计

一、聆听万籁

1. 找一找:寻找书中描写大自然的声音的象声词。

2. 听一听:倾听大自然的声音,并用象声词记录。

二、描绘色彩

1. 看一看:四季的颜色

2. 找一找：春天的色彩

3. 画一画：春天的脚步

三、体验情趣

1. 学一学：了解金鱼的喂养知识。

2. 连一连：了解动物喂养的食物。

3. 试一试：喂养一种小动物，用文字和图画记录喂养小动物的过程。

 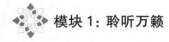

"聆听大自然"课程的内容、实施与评价如下表所示：

实施年段	模块	课时安排	实施途径	主 要 内 容	评价方式
三年级 （下）	聆听万籁	1 课时	晨会课	了解本课程	任务单
		1 课时	班会课	用象声词来记录大自然不同的声音	任务单
	描绘色彩	1 课时	美术课	用彩笔记录大自然的色彩（四季不同的色彩）	学生互评
	体验情趣	1 课时	自然课	了解一种动物的形态和习性，知道不同动物的形态和习性	任务单

按照上述表格所示，具体操作分成以下三个模块：

模块 1：聆听万籁

大自然里有很多奇妙的声音：淙淙的流水淌过那蜿蜒绵亘的小溪，鸟儿在枝头欢快地歌唱，风儿呼呼地穿过田野树梢……

▲ 找一找

　　小朋友，你知道哪些象声词是描写大自然的声音？你可以在《语文》课本、《语文综合学习》里找一找哦！

▲ 听一听

　　小朋友，请你在自然之母的指引下，留心观察身边的花草树木的生长、一年四季天气的变化，走进公园或者绿地花园，听听大自然的声音，你一定会有许多新奇的发现，你能用象声词把听到的声音记录下来吗？

❖ 模块 2：描绘色彩

▲ 看一看

　　一年有四季，大自然的四季轮回，不同的色彩变化给人不同的感受，让我们一起感受四季色彩的魅力，感受它的美。

图 1　　　　　　　　　　　　图 2

图 3　　　　　　　　　　　　图 4

图 5 图 6

▲ **任务单**

一年四季都很美，你最喜欢哪个季节呢？

寻找每个季节相对应的图片，填写编号：

春（　　　　　）　夏（　　　　　　　）

秋（　　　　　）　冬（　　　　　　　）

▲ **找一找**

你在大自然中找到了哪些春天的色彩？用彩笔把它涂在方格中。

☐ ☐ ☐ ☐

▲ **画一画**

桃花红了，柳树绿了，小动物们醒来了，春天悄悄地来了。人们耕田、养蚕、放风筝，学校组织我们春游活动。同学们，让我们一起到大自然中去寻找春天吧！

❁ **模块 3：体验情趣**

▲ **学一学**

金鱼的喂养

金鱼身姿奇异，色彩绚丽，可以说是一种天然的艺术品，在教室里养几条金鱼，闲

时可以欣赏金鱼的泳姿,放松心情。你对金鱼的饲料认识有多少? 金鱼的饲料可以分为两大类:

(1)动物性饲料

动物性饲料是金鱼最喜爱吃,而且营养最丰富的饲料之一。它的品种很多,常见的有:鱼虫、剑水蚤、草履虫、孑孓、水蚯蚓。

(2)植物性饲料

金鱼的饲料当然是以动物性饲料为最理想,但是,由于多种原因缺乏动物性饲料的情况下,植物性饲料可以成为救急或维持生命的辅助饲料。常见的有芜萍、水草等。

(3)合成饲料

合成颗粒饲料要求营养成分齐全,符合金鱼生长发育的需要,主要成分应包括蛋白质、糖类、脂肪、无机盐和维生素等 5 大类。有了人工合成饲料,家庭饲养金鱼就方便多了。

如何进行金鱼的喂食?

(1)投喂次数:每天只需 1—2 次。

(2)投食时间:春、夏宜早,一般在早晨 6—7 时左右,太阳开始晒及鱼缸时投食。深秋及冬季投食时间可稍迟一点,一般在 7—8 时左右。切忌在傍晚大量投食。即使鱼群觅食明显,也应在下午 3 时左右少量投食为好。11 月以后,傍晚更不宜投食。

(3)投食分量:随着金鱼的长大,投食量宜逐渐增加,但不能盲目,特别是人工饲料更应严格控制。家庭养鱼,可采取将一日量分 1—2 次投喂的方式。

▲ **任务单**

你看到过哪些动物是人工饲养的? 它们吃什么? 喂养时应注意什么?

▲ **连一连**

它们喜欢吃什么?

▲ **试一试**

请用文字和图画记录喂养小动物的过程

动物名称：_____

动物形态：_____

_____

喂养食物：_____

喂养过程（或感想）：_____

（项目负责人：陈蓓）

第 15 件事　饲养一种小动物

当一个孱弱的生命出现在孩子的世界里，一切就会这样悄无声息地展开：让我来喂养你，让我来照顾你，让我来呵护你……生命的意义化成了一曲无声的旋律，孩子找到了心灵的伙伴，实现了与自我的对话。

第一部分　课程纲要

课程意图

城市便利的工业化生活，使我们的孩子们离万物生长、乐趣盎然的大自然越来越远。尽管他们对认识自然、体验生命充满了好奇、兴趣和热情，可他们缺少参与生命成长的机会，缺少照料生命的经验，缺少用一颗责任心去爱的经历。

本课程是以自然学科《各种各样的动物》、《家蚕的一生》等学习内容为核心，与探究课、信息课等课程整合的综合活动课程。它充分利用家校资源拓展学习的时间和空间，通过网络资料查找、小组交流讨论拓宽学生视野，通过体验提出问题、查找资料、资料整理和制定计划、实施计划的探究过程，试图增加学生自主选择的机会，丰富学生的人生经历，给予学生发展自身兴趣的空间。与此同时，使学生通过参与、记录、分享小生命的成长过程，体会生命的意义，感受自然物的奇妙变化，懂得珍惜生命，尝试思考人与自然如何和谐相处。

■ **学习目标**

1. 通过资料查找、分享、讨论,了解动物和人类的关系,形成探究动物的兴趣,能够善待动物,了解如何保护自己。

2. 通过饲养一种小动物,掌握正确的喂养方法,并记录它的成长过程。初步体验长周期科学探究活动中收集、整理所需资料,准备活动器材,进行活动记录等探究过程。

3. 通过参与小动物(小生命)的成长过程,记录并分享体验和感悟,体会自然、生命的意义,懂得珍惜生命。

■ **学程设计**

一、朋友还是敌人

1. 动物与人类的关系

(1)辨一辨:通过辨别动物是我们的敌人还是朋友,体会动物与人的关系。

(2)找一找:通过网络搜索、交流等活动,发现动物对人类有益的一面和有威胁的一面。

(3)记一记:记录动物对人类的益处和威胁,加深对动物的认识。

2. 动物与我们的关系密切,该如何对待他们呢? 如何保护自己呢?

(1)找一找:通过观察记录日常生活中对待动物的行为,体会如何正确对待对人类有益的动物。

(2)议一议:通过讨论,体会我们该如何对待动物和保护自己。

二、我是饲养员

1. 学一学:通过观察阅读饲养蚕宝宝的资料和计划,初步了解饲养小动物所需要的准备。

2. 做一做:模仿蚕宝宝的饲养资料和计划,制定自己的小动物饲养计划。

三、我的"好朋友"

1. 做一做:根据动物资料和制定好的计划,饲养小动物。

2. 记一记:按日记录所饲养小动物的情况变化,如食量、状态、习性,以及自己的疑问、心得等。

3. 写一写:总结饲养过程,撰写体会,与大家分享困难、趣事、心得等。

第二部分 操作手册

"饲养一种小动物"课程的内容、实施与评价如下表所示:

实施年段	模块	课时安排	实施途径	主要内容	评价方式	实施时段
三年级	朋友还是敌人	1课时	自然课信息课	动物对人类的帮助 动物对人类的威胁	任务单	第三周
	我是饲养员	2课时	探究课信息课	查找、介绍想要饲养的小动物的资料 准备饲养条件	任务单	根据饲养情况安排
	我的"好朋友"	2课时	自然课亲子活动	饲养小动物并记录它的成长过程并交流	任务单、小体会	根据饲养情况安排

根据表格所示,具体分为以下三个模块:

 模块 1:朋友还是敌人

 辨一辨

找"朋友"辨"敌人"

动物是人类的"朋友"

小朋友,你有没有发现,有的动物可以帮助我们保护庄稼,为我们提供食物,也可以成为我们的运输工具,甚至从动物身上我们可以得到许多灵感,给我们启示,进行发明创造(仿生学)。你一定也知道许多动物帮助人类的事例,和小伙伴一起查找资料。

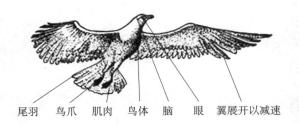

尾羽　鸟爪　肌肉　鸟体　脑　眼　翼展开以减速

水平尾翼　起落架　发动机　机身　控制仪表　透明玻璃和雷达　襟翼制动

▲ **找一找**

和小伙伴、家人交流，利用书籍、网络搜索功能，能帮助你获得更多有用的信息。

▲ **记一记**

仔细阅读下面的任务表，仿照已知内容填写空白处。

人类的好朋友	人类的好朋友
（1）大象在抬木头。	（1）骆驼在驮东西。
（2）青蛙捉害虫。	
（3）人在给奶牛挤奶。	
（4）飞机的发明是受到鸟的启发。	
（5）导盲犬	

　　有些动物在某些情况下会对人类的生命安全有威胁，可能成为人类的"敌人"。

　　小朋友你也肯定听说过：有的动物会传播人畜共患的疾病，如"禽流感"、"甲流"，蚊子传播疟疾，有的动物在某些情况下会攻击靠近的人类。

▲ 找一找

动物对人类安全有威胁的例子记录在下面。

▲ 议一议

动物与我们的关系密切,该如何对待他们呢? 又如何保护自己呢?

我们日常生活中有哪些对待动物的行为是对的,哪些是错的? 利用以下表格,和同学、家长、老师讨论。

正确行为	错误行为
在禁止喂食的动物园不给猴子喂食	小朋友追着猫打。

评价单

☆ 通过查找资料,能分别说出动物是人类的朋友和动物威胁人类安全的例子各 1 个,知道要爱护动物和自我保护。

☆☆ 通过查找资料,能分别说出动物是人类的朋友和动物威胁人类安全的例子各 2 个,能分别说出 1 种爱护动物和自我保护的正确方法。

☆☆☆通过查找资料,能分别说出动物是人类的朋友和动物威胁人类安全的例子各 3 个或 3 个以上,能分别说出 2 种或 2 种以上爱护动物和自我保护的正确方法。

我认为,我可以得☆☆☆( )☆☆( )☆( )

◆ **模块 2: 我是饲养员**

▲ 学一学

动物跟人类有着密切的联系,你对什么小动物感兴趣,想不想饲养它? 该怎么饲养呢?

仔细阅读下面蚕宝宝的资料和饲养计划，照样子，查找自己想要饲养的动物的相关资料。

例：我要饲养的小动物的名称＿＿蚕宝宝＿＿＿＿

动物来源	花鸟市场购买、网络购买、亲友分享
食物	桑叶
生活环境	温暖干燥
习性	不喜欢太阳直射、食量大、有蜕皮现象、蚁蚕很小
喂养条件需求	棉签或鹅毛（用于移动蚁蚕），干净干燥的纸盒，持续供应新鲜桑叶，适于结茧的茧簇，如方格簇

饲养计划：

1. 准备干净的纸盒（如鞋盒）、垫纸（废打印纸、广告纸等）、棉签或鹅毛。

2. 寻找桑树（图片）。

3. 购买蚕宝宝的卵。

4. 进行饲养，并每天记录它的变化。

根据已经查找到的资料，你对小动物有了很多新的了解吧！填写任务单并写一写你打算怎样饲养小动物。

 做一做

《动物饲养员》任务单

我要饲养的小动物的名称＿＿＿＿＿＿

动物来源	
食物	
生活环境	
习性	
喂养条件需求	

我的饲养计划：

_____

"我是饲养员"模块评价表

自　　评	互　　评
能执行教师制定的饲养计划。☆(　　　)	能分享自己的计划。☆(　　　)
能在完成资料收集整理和饲养计划制定，在家长帮助下执行饲养计划。☆☆(　　　)	能给小伙伴提出建议或问题。☆☆(　　　)
能独立完成资料收集整理过程和饲养计划制定，并执行。☆☆☆(　　　)	能给小伙伴提出有价值的建议或问题。☆☆☆(　　　)

模块3：我的"好朋友"

做一做

你已经查找了小动物的资料，又制定了饲养计划。现在请你根据自己的计划，饲养一种小动物，并用文字、照片记录它的成长过程。

记一记

饲养记录表（例）

日期	动物情况	疑问、感受、心得

你给小动物准备的家：（贴照片）

写一写

饲养小动物的过程中，遇到了哪些困难，有哪些有趣的事，跟大家分享。

"饲养一种小动物"评价（家长填写）：

☆☆☆　　能坚持完成饲养过程、并持续记录一个月及以上、独立完成饲养小体会。

☆☆　　　能坚持饲养、并记录,完成饲养体会。

☆　　　　尝试饲养小动物,并撰写饲养体会。

您认为您的孩子_____在"饲养一种小动物"活动中能获得☆☆☆。(填涂)

家长签名_____

(项目负责人:浦文彧)

第 16 件事　乐当环保小卫士

我们的视线被高墙阻隔,我们的呼吸被烟尘包裹……我们不知道,地球还有几多寿命;我们不知道,矿藏还有几何可用;我们不知道,水源还有几许可喝;我们不知道,明天还有多少明天……但我们知道,你我他,从此时此刻起,只需每个人一点点的努力,就能让绿色的心灵,像长了天使的翅膀,在宇宙间飞来飞往,传递着真理的讯息。

第一部分　课程纲要

▲ 课程意图

近年来,随着经济的迅速发展,环境问题日益凸显,在这样的大环境下,学生对做一个环保者的意识并不强烈,尽管学校每学年都开展科技节,创建了学生喜欢的"科技情趣廊",开展了社区环保活动,使得一小部分学生对环境问题日益关注,但在学生生活学习中,垃圾随处乱扔,用纸不节约等现象还是随处可见。因此,针对这一普遍问题,我们开发"乐当环保小卫士"课程,让学生从小就了解身边垃圾污染的现状及其带来的各种社会问题是相当有价值意义的。本课程试图帮助学生通过调查、垃圾分类、变废为宝系列活动,把环保理念、环保意识、环保行为渗透到日常生活中去,增强他们的社会责任感,从而使环保意识深入每个孩子的心灵,真正做到环保的可持续发展。

▲ **学习目标**

1. 通过亲身调查,体验当前人们生活中垃圾数量的真实情况,掌握垃圾分类的方法,并走进社区乐意向周围人做环保宣传。

2. 通过"科技节"活动,利用废旧物品进行创意制作,变废为宝,物尽其用,养成良好的环保节能意识,善用资源。

▲ **学程设计**

一、垃圾数量我知道

1. 找一找:从身边的"吃、穿、住、行"等方面寻找垃圾的来源。

2. 查一查:做一回小小调查员,调查自己家中垃圾产生的情况,合作统计调查结果,归类整理。

二、垃圾分类大学问

1. 学一学:了解垃圾对人类的危害,垃圾数量不断上升的趋势。

2. 分一分:指导学生按不同的内容学会垃圾分类。

三、环保活动我参与

1. 查一查:调查身边居民垃圾分类投放情况及不愿分类扔垃圾的原因。

2. 走一走:结合社会实践活动,小组合作为社区垃圾分类写一份倡议书,在社区中分发宣传,向街道居民宣传垃圾分类知识,并将制作的环保知识小报或标语提供于社区,倡导环保理念。

四、变废为宝我能行

1. 议一议:自然教师指导学生共同研究如何节约身边的资源,设计研究对策。

2. 说一说:收集材料,说说变废为宝的事例。

3. 做一做:在科技节活动中发动学生利用废弃物制作各种简单实用的小物品及

装饰品,变废为宝,物尽其用,开展专题性节省资源的环保探究。评价、作品展示。

第二部分　操作手册

"乐当环保小卫士"课程的内容、实施与评价如下表所示：

实施年段	模块	课时安排	实施途径	主 要 内 容	评价方式
三年级 （上）	垃圾数量 我知道	1课时	品社课	收集反映垃圾数量增多和垃圾危害的 实例	调查统计 表
	垃圾分类 大学问	2课时		掌握垃圾分类的方法,养成垃圾分类的 意识	任务单
	环保活动 我参与	1课时	品社课	从家庭做起,积极参与垃圾分类的行动	调查问卷
		1课时	社会实践		
	变废为宝 我能行	1课时	品社课	节约身边资源,物尽其用,利用废旧物品 制作实用小物件,变废为宝	作品展示
		1课时	科技节		

按照上述表格所示,具体操作分成以下四个模块：

模块1：垃圾数量我知道

小朋友,垃圾如果得不到很好的处理,就会成为人类社会的一大公害,威胁人类生存的环境。

▲ **找一找**

我们在学习、生活、工作、活动的同时,也在制造很多的垃圾。找一找我们身边在"吃、穿、住、行"等方面都制造了哪些垃圾?

▲ **查一查**

垃圾的数量一年比一年多,其中难以处理的垃圾和有害的数量更是在不断增加。

家庭垃圾数量统计调查(一周)

我们家一周的垃圾情况		
时间	种类	数量(袋)
周一		
周二		
周三		
周四		
周五		
周六		
周日		

数一数你所在的小区有几户人家,小区内的垃圾每天要装满几个垃圾箱。

◆ **模块2:垃圾分类大学问**

▲ **学一学**

我们身边的生活垃圾有哪些危害呢?

侵占并污染土地:长期堆放的垃圾不仅侵占了大量农田,污染土壤,危害农作物的生长,也影响了城市景观和环境。

污染水体:任意堆放或简易填埋的垃圾,其中所含的水分和淋入垃圾中的雨水产生的污液渗入地表水和地下水,造成水资源的严重污染。

污染大气:垃圾在适宜的温度和湿度下,被微生物分解,释放出有害气体,危害周围的大气环境。

传播疾病:垃圾成为鼠类、蚊蝇和细菌生活的场所,非常容易传播各种疾病。

易引起爆炸事故:不经过有效处理的垃圾,长期堆放,容易发酵,产生沼气,引起爆炸。

思考:如果垃圾的数量像这样不断增长,我们将来会不会生活在垃圾的包围中?

▲ 分一分

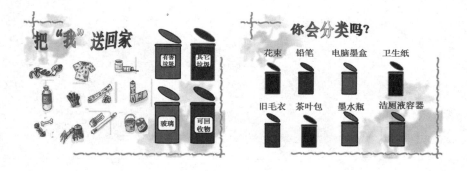

 模块3:环保活动我参与

▲ 查一查

居民垃圾分类投放情况调查

居民不愿分类扔垃圾的原因:

1. 太麻烦(　　　)

2. 没有掌握分类的知识(　　)

3. 小区内无分类设施放垃圾箱(　　)

4. 无分类的垃圾袋(　　)

5. 分不分类与我无关(　　)

6. 其他(　　)

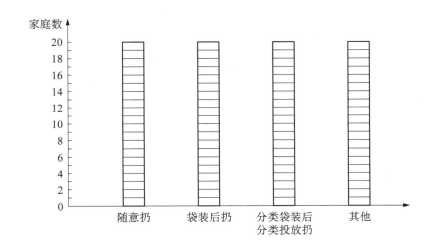

▲ 走一走

小组合作为社区垃圾分类写一份倡议书,并在社区中分发宣传。

我为社区献计策

请设计一条环保标语或制作一份宣传小报,并在班级中交流。

❖ **模块4:变废为宝我能行**

▲ 议一议

生活中,还有很多浪费资源的现象,让我们一起来想想办法吧!

小妙招：

节省资源,减少废旧物品的方法

使用自带购物袋或篮子购物;出门时自带水壶或水瓶;
自备餐具,少用一次性餐具;多用手帕,少用餐巾纸;
使用钢笔或可换芯的圆珠笔;草稿纸正反面充分使用。

……

说一说

有人说"垃圾是放错地方的资源"。我们眼中的很多垃圾,如废纸、废塑料、废玻璃、废电池、破布等,其实都可以回收利用的,这是节省资源的另一条重要途径。

收集材料,说说你所知道的变废为宝的事例。

营业员正用再生纸包装袋给小同学装文具。

用生活垃圾制作的彩砖。

红包剪角做成书签。

🔺 **做一做**

请你选择身边的垃圾,制作一件实用的小物品,把它变废为宝,物尽其用。

小组展示,评价。

要求:能突出废物再利用的实用价值,兼顾美观。

物品名称	所用材料	小组评价
		☆☆☆☆☆
	.	☆☆☆☆☆
		☆☆☆☆☆

(项目负责人:朱黎平)

第四章 艺术，生命的美学

生命不止眼前的苟且，还有无数美的瞬间。徜徉在艺术的海洋中，沉浸于乐曲、舞蹈、书法、茶道之意境，在声色之间、动静之间，发现生命细微之处的美好。这就是艺术的可贵。

第 17 件事　敲敲打打"中国鼓"

翻阅中国民族打击乐的历史,敲起红红的中国鼓,打出震撼人心的鼓声,品味中国民族打击乐的独特韵味,有北方农民的豪迈,有江南田园生活的情趣,有原始文化遗存的古拙民风……跨越中国鼓文化先河,迎接辉煌的明天。

第一部分　课程纲要

🔺 课程意图

中国是一个历史悠久的文明古国,中华民族创造了灿烂的传统文化。中国鼓,是乐队的灵魂,是音乐发展长河中最古老的中华传统乐器。随着西方音乐的涌入,当今学生对传统民族音乐逐渐淡化,对中国鼓的传承更是少之甚少。本课程的开发意在帮助一至五年级团队学生通过打击乐学习、击鼓实践、体验学习等活动,学会表演、创编,从中培养学生对音乐的兴趣,提高其审美能力,陶冶高尚情操,继而对中国鼓艺术进行传承、发展、创新。

🔺 学习目标

1. 通过参加中国鼓音乐活动,感知音乐基本要素,掌握音乐基础知识和基础打击技巧,体验节奏的韵律美。

2. 通过参与中国鼓综合音乐活动,掌握有难度的打击技巧,提升节奏创造基本能力和对作品的基本表演能力,能够探讨中国鼓民族音乐文化,体验中国鼓作品美及其情感表现。

▲ 学程设计

一、基础篇

1. 学一学：掌握打击的手势。

2. 认一认：认识音符。

3. 练一练：分组、完整打击。

4. 做一做：打击乐谱第一、二声部并合奏。

5. 讲一讲：千姿百态的中国鼓。

二、经典篇

（一）学做技能高手

1. 学一学：掌握打击手势。

2. 认一认：认识打击符号。

（二）学做演奏家

1. 学一学：学习打击作品第一部分。

2. 练一练：学习打击作品第二部分。

3. 演一演：学习打击作品第三部分。

（三）学做音评员

评一评：观看同学完整打击，从展现技能技巧、表达作品情景、表现作品情绪三个角度评价。

三、创意篇

（一）我是小小旅行家

看一看：走进西安，看西安鼓展，看制作中国鼓民间作坊。

（二）我是艺术工艺师

1. 学一学：学习不同式样的拨浪鼓作品。

2. 分一分：分解成品结构设计拼搭步骤。

3. 做一做：选取材料创意设计制作拨浪鼓。

4. 做一做：跟着音乐用自制拨浪鼓来演奏。

（三）我是工艺作品评委

评一评：欣赏制作作品，从制作工艺、美观设计、演奏效果三个角度评价。

第二部分　操作手册

"敲敲打打中国鼓"课程的内容、实施与评价如下表所示：

实施年段	模块	课时安排	实施途径	主　要　内　容	评价方式
一年级	基础篇	18课时	兴趣课	第一课四分音符和四分休止符 第二课八分音符和八分休止符 第三课全音符和全休止符 第四课二分音符和二分休止符 第五课两个八分音符 第六课四个十六分音符	师评 生评
二年级	经典篇	18课时	兴趣课	第七课一个八分音符和两个十六分音符 第八课两个十六分音符和一个八分音符 第九课两个八分音符和一个四分音符 第十课一个附点八分音符和一个十六分休止符 第十一课一个附点四分音符和一个八分音符 第十二课单倚音	
三年级		18课时	兴趣课	演奏曲目1秦王点兵 演奏曲目2黄门鼓吹 演奏曲目3老虎磨牙 演奏曲目4牛斗虎	
四年级	创意篇	18课时	兴趣课	演奏曲目5老鼠娶亲 演奏曲目6滚核桃 创意第一部分创意编写与练习 创意第二部分创意组合与演奏	
五年级		18课时	兴趣课	演奏曲目7龙腾虎跃 演奏曲目8鼓上飞舞 创意第三部分创意伴奏与练习 创意第四部分创意制作与探究	

按照上述表格所示，具体操作分成以下三个模块：

 模块 1：基础篇

▲ 学一学

《牛斗虎》

演奏记号：R 表示右槌击打，L 表示左槌击打。（除特殊情况需要注明外，一般不写）

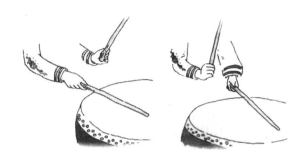

打击手法：1. 右槌打击鼓面　2. 左槌打击鼓面

▲ 认一认

一个四分音符要保持一拍　　　一个四分休止符要静止一拍

▲ 练一练

练习曲 1

演奏记号：R 表示右槌击打，L 表示左槌击打。（除特殊情况需要注明外，一般不写）

练习曲 2

▲ 做一做

▲ 讲一讲

千姿百态的鼓

■鼓

出土文物。公元前 4400 年，古人把树干挖空做鼓框，鼓面蒙上鳄鱼皮，鼓高 100 厘米，古人击鼓，拜祭神灵。

▲ 评一评

表达自己感想 ☆☆☆☆☆

◆ 模块2：经典篇

一、学做技能高手

▲ 学一学

掌握打击手势

演奏记号：　由鼓心向鼓边移击

▲ 认一认

认识打击符号

演奏记号：
- ♫ 双槌同击鼓面
- ♪ 双槌轮流击鼓边
- ♂ 单击鼓边
- ✶ 双槌对击
- ♂ 刮奏
- ＋ 左槌压鼓，右槌击左槌

▲ 评一评

展现技能技巧 ☆☆☆☆☆

二、学做演奏家

▲ 学一学

场景一 牛虎相遇

▲ **评一评**

表达作品情景 ☆☆☆☆☆

▲ **练一练**

场景二 牛虎相争

▲ **评一评**

表达作品情景 ☆☆☆☆☆

▲ **演一演**

场景三 牛虎激战 两败俱伤

▲ **评一评**

表达作品情景　☆☆☆☆☆

三、学做音评员

请大家完整演奏一次！

▲ **评一评**

展现技能技巧　☆☆☆☆☆

表达作品情景　☆☆☆☆☆

表现作品情绪　☆☆☆☆☆

❁ **模块 3：创意篇**

一、我是小小旅行家

▲ **看一看**

走进西安，看西安鼓展，看制作中国鼓民间作坊。

▲ **评一评**

大胆表达感想　☆☆☆☆☆

二、我是艺术工艺师

▲ **学一学**

学习不同式样的拨浪鼓作品。

▲ **分一分**

分解成品结构设计拼搭步骤。

第一步准备材料

第二步装好鼓坠,配上鼓柄

第三步装上鼓皮,钉上鼓钉

▲ **做一做**

选取材料

装好鼓坠,配上鼓柄

装上鼓皮,钉上鼓钉

▲ **评一评**

大胆表达感想 ☆☆☆☆☆

▲ **做一做**

跟着音乐来演奏

绣金匾

汉族陕西民歌

评一评

演奏节奏准确　☆☆☆☆☆

三、我是工艺作品评委

 评一评

制作工艺　☆☆☆☆☆

美观设计　☆☆☆☆☆

演奏效果　☆☆☆☆☆

（项目负责人：孙李红）

第 18 件事　欣赏一场音乐会

在一个纷繁嘈杂的时代里，我们需要积极、美好的文化来使自己的内心回归平静、理性，多一些思考，多一些沉淀，进而形成积极向上的人生态度。而古典音乐就有这样一种特别积极、美好的力量，能够唤醒我们内心深处的情感共鸣，净化我们疲惫的心灵。

第一部分　课程纲要

 课程意图

在我们的生活中音乐无处不在，一个人的人生没有了音乐也就没有了色彩。通过音乐欣赏活动，本课程试图帮助学生了解音乐作品和音乐鉴赏，并从音乐中获得轻松、开放、舒畅和乐观的健康心态。

▲ **学习目标**

1. 搭建不一样的音乐平台，拓展音乐知识，了解相关音乐家以及作品，在音乐鉴赏的过程中感受到音乐的美好。

2. 了解欣赏音乐会的基本礼仪，学会做一名文明而有素养的小听众。

▲ **学程设计**

一、游历音乐乐园

1. 游一游：带领学生参观博彩楼音乐长廊，了解有关乐器介绍。

2. 摸一摸：每天中午的钢琴角，学琴的学生自由演奏，学生进一步了解钢琴的音色、特点，并潜移默化地学会文明欣赏。

3. 找一找：用填数的形式认识中国民族小乐器和西洋器乐。

二、探索音乐课堂

1. 听一听：

音乐早餐时间：每周三晨会课安排音乐欣赏时间，组织观看经典的音乐小品、音乐会等各类演出，对音乐作品作讲解，让学生了解一些音乐作品的段落，情绪等。

2. 选一选

让音乐走进你：在音乐课堂教学中，了解音乐家。通过教材中出现的音乐作品带领大家了解一些相关的知识，知道音乐家简介、代表作品、表现形式等。选一位最喜欢的音乐家，收集资料，了解他背后的音乐小故事，并与同学们在课堂上交流。

三、走进音乐殿堂

1. 学一学

欣赏音乐会的礼仪：知晓欣赏音乐会前的一些基本礼仪。如：穿着礼仪，音乐会提前十五分钟准时入场须知，不带饮料食物入场等。了解聆听音乐会中的注意事项。如：何时拍手，不能在乐曲中间随意拍手，闹出拍错手的笑话；不要制造噪音，不随意讨论讲话；不要在演出时拍照摄影等。

2. 走一走：学校组织安排一次适合学生的音乐会欣赏活动。家长、老师、学生共同享受这份音乐的盛宴。

四、分享开心事

讲一讲：分享此次音乐会带给自己的最大收货和感受，进行交流讨论。

第二部分　操作手册

"欣赏一场音乐会"课程的内容、实施与评价如下表所示：

实施年段	模块	课时安排	实施途径	主 要 内 容	评价方式
四年级（下）	游历音乐乐园	1课时	音乐课、课间活动	认识并了解部分西洋、民族乐器的相关知识与演奏方式。	任务单（完成小练习）
	探索音乐课堂	15分钟 ＊2课时	艺术拓展课（周二晨会）	了解中国民族乐团和维也纳爱乐乐团，欣赏乐团的新年音乐会。	任务单（交流小故事）
		15分钟	音乐课（复习）	复习巩固巴赫、贝多芬、圣桑，三位音乐家生平与部分作品。	
		1课时＊3	音乐课	了解音乐家舒曼、门德尔松、莫扎特音乐家生平与部分作品。 指导怎样去聆听、欣赏音乐会作品？	
	走进音乐殿堂	15分钟 ＊2课时/2课时	晨会课/实践课	1. 了解介绍上海音乐厅的相关资料。 2. 学习欣赏音乐会的礼仪。 3. 致家长的一封信。 4. 实践活动——欣赏一场音乐会。	任务单
	分享开心事	15分钟＊1课时	晨会课	交流讨论音乐会带给自己的最大收获和感受。	任务单（制作音乐小报）家长感言

按照上述表格所示,具体操作分成以下四个模块:

❖ 模块 1:游历音乐乐园

▲ 游一游

请和你的小伙伴游一游,"七彩梦乐园"音乐走廊,了解乐器种类。请和你的小伙伴走一走,知新楼音乐走廊,了解器乐知识文化吧!

▲ 摸一摸

亲爱的同学,让我们来到钢琴边。欣赏来自身边小伙伴们的钢琴表演。

▲ 找一找

请帮中国民族小乐器找回家(把数字填进圆圈内)。

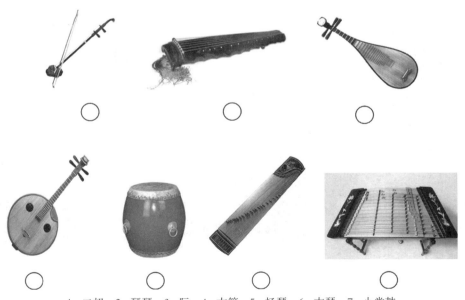

1. 二胡 2. 琵琶 3. 阮 4. 古筝 5. 扬琴 6. 古琴 7. 小堂鼓

请帮西洋小乐器找回家（连线）。

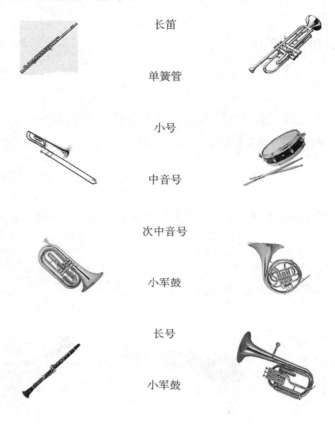

长笛

单簧管

小号

中音号

次中音号

小军鼓

长号

小军鼓

模块 2：探索音乐课堂

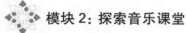

听一听

音乐早餐时间

民族乐团音乐会

上海民族乐团简介：

上海民族乐团成立于一九五二年，是全国最早成立的大型民族乐团，乐团拥有一支八十人的大型乐队，并设有作曲指挥、独奏、独唱三个艺术家小组。乐团以训练有素、配合默契和演奏精湛著称。经常上演气势宏大的民族管弦乐合奏以及江南丝竹、广东音乐、弹拨合奏等富有特色的中小型节目。

欣赏曲目:

《小刀会》、《江南好》、《卖花姑娘》。

维也纳新年音乐会

维也纳爱乐乐团简介:

维也纳爱乐乐团拥有 160 多年的辉煌历史,是西方古典音乐发展的重要见证者,同时也是音乐历史的缔造者。是当今全球最著名的顶尖乐团之一,在国际乐坛享有盛誉。乐团极高的演奏水准和绝妙的"维也纳音色"使全世界音乐爱好者为之倾倒,迷恋其中。乐团高贵的艺术气质和自主管理经营的体制在世界乐坛独树一帜,乐团吸引了一代代的杰出作曲家、指挥家和演奏家与之共创辉煌。他们与维也纳这座城市一样成为音乐的代名词。

欣赏曲目:

卡拉扬的维也纳新年音乐会、索尔蒂的《尼伯龙根的指环》、瓦尔特的《马勒第九交响曲》和《大地之歌》等。

让音乐走进你

在我们四年级的音乐教材中出现了巴赫、贝多芬、圣桑、舒曼、门德尔松、莫扎特等著名的音乐家。他们的经历,有的像贝多芬一样多灾多难;有的从小饥寒交迫;有的遭受过各种重大的挫折。但是,他们怀着对祖国、对人民的热爱,对艺术、对音乐事业热忱不倦地探索与追求,都创造出了他们那个时代的辉煌作品,从此名垂不朽。这些名人背后的故事告诉我们:苦难可以使人毁灭,苦难也可以催开智慧的花朵。正如巴赫所说:"谁像我一样用功,谁也会有我一样的成就"。

▲ 选一选

你能选一位你最喜欢的音乐家,收集一些小资料了解他背后的音乐小故事吗? 把音乐家的故事在课堂上与大家交流一下吧!

莫扎特　奥(1756—1791)　　贝多芬　德(1770—1827)　　门德尔松　德(1809—1847)

巴赫　德(1685—1750)　　圣桑　法(1835—1921)　　舒曼　德(1810—1856)

学会聆听音乐作品

音乐具有丰富的内涵,不同的人心目中会有不同的音乐,我们在欣赏音乐时除了具备音乐基础知识,了解创作背景和作曲家的创作意图外,还要充分发挥我们自己的想象力和独立思考力。

音乐欣赏中感情体验的基本要求:

1. 能够在感知力度、速度、音色、节奏、旋律、和声等音乐表现要素的过程中,了解并评价其音乐表现作用。

2. 感知音乐的结构,能够简单表述所听音乐不同段落的对比与变化。

3. 准确、深刻和细致地体验音乐作品中的感情内涵。

音乐欣赏是心理反应的过程:

从喜欢听音乐,到用心用情去聆听音乐,再到理解、评价、分析,使我们的欣赏层次逐步提高。在反复欣赏时,还会听出不同的乐器,作品的段落——曲式结构,作品的风格等,调动我们学习音乐的积极性。

模块3：走进音乐殿堂

走近音乐厅

上海音乐厅原名南京大戏院,建于1930年,为全国第一座音乐厅,1959年后的数十年中,一直是上海音乐活动的中心之一,历届上海之春音乐节、国际广播音乐节都以此为中心场所;众多的中外著名音乐家、乐团先后登临音乐厅舞台展现艺术风采。

任务单

同学们:

上海音乐厅有着悠久的历史,请你做个小调查,对它进行进一步的了解吧。

把调查的结果和同学们一起分享一下吧!

学一学

听音乐会的礼仪

亲爱的同学们,欣赏音乐会的礼仪可不少呢,这些你都知道吗?

聆听音乐厅的音乐会演出,应注意着正装,庄重、干净和整洁。要避免牛仔裤、睡衣、拖鞋、短裤或奇装异服的打扮。

迟到不能中途进入,要等一首曲子结束后方可进入。

欣赏音乐时,要保持安静,不能随意交谈说笑,不吃零食。

乐章间不鼓掌已成为一种约定俗成的礼节,一曲演奏结束才能热烈鼓掌。

我不知什么时候鼓掌怎么办呢?

没关系,可以看台上指挥的动作。全部乐章演奏结束后,指挥一般都会转过身来鞠躬谢幕,这时就可以鼓掌啦。

演出结束,应该等演员谢幕以后再退场。只要乐队首席(坐在第一小提琴最前面的那一位)没有起身退场,观众最好不要匆忙起身退场! 退场的时候,要带好自己的随身物件，有秩序地离开现场。

 走一走

同学们，让我们一起走进音乐厅，静静地聆听优美的音乐吧！

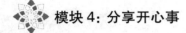 **模块 4：分享开心事**

 讲一讲

通过这次《欣赏一场音乐会》课程的学习你一定有很多的收获吧！你可将喜爱的音乐家、走近音乐厅、欣赏礼仪及参观和欣赏活动后的感受记录下来。

 任务单

亲爱的小朋友：

你们是否已经准备好了？把你们收集的资料做成一张音乐小报，与同学们一起分享吧！

（项目负责人：顾音杰）

第 19 件事　参加一次音乐狂欢

音乐，给了我们美妙的感觉。小时候，我梦想站在光彩夺目的舞台上，观众投来欣赏的目光。而今，我知道，我的梦想不再遥远。因为我心中有一个信念，只要我们敢于表达音乐激情，勇于实现音乐梦想，我就是最棒的！

第一部分 课程纲要

▲ **课程意图**

"让每一个走进徽三的孩子都拥有音乐梦想,敢于表达音乐梦想,勇于实现音乐梦想",是我们这所区艺术教育特色学校的教育梦想之一。"参加一次音乐狂欢"则是我校五年级孩子们临近毕业时的心愿,也是他们的一个音乐梦想。本课程试图在学生学习、展示才艺过程中,激励他们不断挑战自己,超越自己,赢得自信,帮助其学会合作和沟通,促进身心和谐发展。这也是教育最本真的追求。

▲ **学习目标**

1. 了解世界各地的"音乐狂欢"活动形式,感受音乐文化表现形式的丰富多彩,开拓视野。

2. 在狂欢活动中能够勇敢、自信地展示自己,乐于沟通和合作,勇于挑战自我、超越自我。

▲ **学程设计**

我们将"参加一次音乐狂欢"课程与"心愿行动"进行整合,设计了融毕业典礼、圆梦、音乐派对于一体的综合活动。

一、"音乐狂欢"我表达

1. 查一查:通过网络、报刊、杂志、书籍、电视等途径了解世界各国音乐狂欢活动的形式,选取部分资料,制作一份音乐狂欢主题小报。

2. 填一填:和伙伴们分享一到两种你比较喜欢的"音乐狂欢"活动形式。

3. 想一想:以小队为单位,参加大队部发起的"音乐狂欢方案征集"活动,以提案的方式向大队辅导员表达队员们的愿望。

二、"音乐狂欢"我挑战

组成合作小组，参加大队部组织的"定向寻宝"活动。

1. 找一找：在规定时间内根据校园掠影找到音乐宝盒。

2. 比一比：打开音乐宝盒，获取小组在"音乐狂欢"中所要承担的任务。（每个小组一项任务，完成任务即获得了"音乐狂欢"的入场券）

任务一：小队所有队员共同合作完成一首合奏乐曲《巡逻兵》。（器乐）

任务二：小队成员开动脑筋、集思广益表演一个反映校园文明的故事。（小品）

任务三：请你和你的小伙伴一起走走 T 台秀，敲敲中国鼓。（时装表演）

任务四：请你和你的小伙伴一起设计一个歌曲大串烧的音乐节目，并且能够勇敢、自信地站在舞台中间尽情歌唱，秀出才艺。（歌曲串烧）

任务五：小队所有成员共同合作完成舞蹈《妈妈宝贝》。（舞蹈）

任务六：以表演唱的形式表现即将毕业的心情。（表演唱）

3. 试一试：和小组成员商量，如何通过合作，在有限时间里顺利完成任务，获得"音乐狂欢"的入场券。排练过程中如果遇到困难，可以向音乐老师求助。

三、"音乐狂欢"我来秀

1. 秀一秀：参加"音乐狂欢"活动。和伙伴们一起自信地走上舞台，唱一唱、跳一跳、演一演，勇敢地秀出自己的才艺，向大家展示不一样的自己。

2. 跳一跳：戴上面具来到操场，和老师、同学一起狂欢，用舞蹈释放激情，延续友情。

3. 换一换：和小伙伴们共玩音乐小游戏，互赠毕业礼物，留下童年难忘的回忆。

第二部分　操作手册

微课程"参加一次音乐狂欢"共计 10 课时，根据课程内容和孩子们的年龄特点，被安排在五年级第二学期，运用灵活的学习方式，通过探究课、少先队活动、毕业典礼等途径实施。课程的内容、实施与评价如下表所示：

实施年段	模块	课时安排	实施途径	主要内容	评价方式
五年级（下）	"音乐狂欢"我表达	第1课时	探究课	通过网络、报刊、杂志、书籍、电视等途径了解世界各国音乐狂欢活动的形式，选取部分资料，制作一份音乐狂欢主题小报。	作业评价
		第2课时		以小队为单位，参加大队部发起的"音乐狂欢方案征集"活动，以提案的方式向大队辅导员表达队员们的愿望。	
	"音乐狂欢"我挑战	第3课时	少先队活动、课外	组成合作小组，参加大队部组织的"定向寻宝"活动。	教师评价
				和小组成员商量，如何通过合作，在有限时间里顺利完成任务，获得"音乐狂欢"的入场券。排练过程中如果遇到困难，可以向音乐老师求助。	
	"音乐狂欢"我来秀	第4课时	毕业典礼	参加"音乐狂欢"活动。和伙伴们一起自信地走上舞台，唱一唱、跳一跳、演一演，勇敢地秀出自己的才艺，向大家展示不一样的自己。	节目展示
				和小伙伴们共玩音乐小游戏，互赠毕业礼物，留下童年难忘的回忆。	

按照上述表格所示，具体操作分成以下三个模块：

◆ 模块1："音乐狂欢"我表达

 查一查

什么是音乐狂欢？各国的音乐狂欢节有什么不同？

你参加过音乐狂欢节吗？

 任务单

通过网络、报刊、杂志、书籍、电视等途径了解世界各国音乐狂欢活动的形式，选取部分资料，制作一份音乐狂欢主题小报。

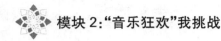 **填一填**

音乐狂欢节名称	音乐狂欢节的特色	喜爱程度
		☆☆☆☆☆

以小队为单位，参加大队部发起的"音乐狂欢方案征集"活动，以提案的方式向大队辅导员表达队员们的愿望。

 模块 2："音乐狂欢"我挑战

▲ **找一找**

"定向寻宝"我来玩

游戏规则

同学们分成 8 个队伍，分别用 8 种颜色的丝带区分，每队 15 人左右，队长 2 人。当寻宝活动开始后，先由队长上来按照颜色认领寻宝任务单和小队名单，然后队长马上召集小队成员并下发袖带。

然后，以小队为单位完成寻宝任务单上的 3 个任务，每个小队 15 分钟时间，完成 3 项任务不仅可以得到奖品还可以现场打开音乐盒，得到音乐任务书。音乐任务书上的音乐任务就是毕业典礼上我们要进行的才艺展示。

寻宝任务单

任务一：在规定时间内根据校园掠影找出音乐宝盒。

任务二：每队派出两名选手，将一个气球往空中抛，然后各自转一圈，再用人的身体将球夹住，不能用手，要求气球不能爆。

任务三：按照老师要求，在 2 分钟之内唱出 3 句包含规定词的歌曲。

▲ **比一比**

"音乐任务"我挑战

以小队为单位完成寻宝任务单上的 3 个任务，每个小队 15 分钟时间，完成 3 项任务不仅可以得到奖品还可以现场打开音乐盒得到音乐任务书。音乐任务书上的音乐任务就是毕业典礼上我们要进行的才艺展示。

▲ **试一试**

和小组成员商量，如何通过合作，在有限时间里顺利完成任务，获得"音乐狂欢"的入场券。排练过程中如果遇到困难，可以向音乐老师求助。

✦ **模块 3:"音乐狂欢"我来秀**

▲ **秀一秀**

参加"音乐狂欢"活动。和伙伴们一起自信地走上舞台，唱一唱、跳一跳、演一演，勇敢地秀出自己的才艺，向大家展示不一样的自己。把自己的靓照贴在下面的相框内。

▲ **跳一跳**

戴上面具来到操场，和老师、同学一起狂欢，用舞蹈释放激情，延续友情。

▲ **换一换**

和小伙伴们共玩音乐小游戏，互赠毕业礼物，留下童年难忘的回忆。

评 价 内 容	自己眼中的"我"			伙伴眼中的"我"		
	好	较好	需努力	好	较好	需努力
1. 能用多种方法了解音乐狂欢节。						
2. 能制作狂欢节的学习小报。						

评 价 内 容	自己眼中的"我"			伙伴眼中的"我"		
	好	较好	需努力	好	较好	需努力
3. 能和小组成员齐心合力完成寻宝游戏。						
4. 能和小伙伴克服困难，完成音乐任务。						
5. 能大胆、自信地秀出自己。						

（项目负责人：王攀）

第 20 件事　大胆"秀"自己

　　童年的生活丰富多彩，像春天的雨，欢畅奔放；童年的情趣天真烂漫，像夏天的风，轻舞飞扬；童年的志向高昂远大，像秋天的云，清新明朗；童年的梦想晶莹纯真，像冬天的雪，纷纷扬扬……哦，飞扬的童年，相信梦想，相信奇迹，大胆秀自己，展示最自信的你，让最美属于你！

第一部分　课程纲要

▲ **课程意图**

　　无论在哪一个班级里，总会有这样一些孩子，他们个性腼腆、内向，不善于也不习惯在他人面前表现自己。因此，在学校开展的活动中，教师为保证活动的有序开展，经常会忽略学生的差异性，活动的组织偏向于部分孩子，造成部分孩子不能够得到有效的锻炼。为了提升这些孩子的自信，给他们一个展现自我的舞台，我们开发"大胆秀自己"为主题的才艺展示课程,试图从学生出发,从家长出发,将活动类课程融入到学生的生活中,让学生的生活在活动中体现。

本课程期望让孩子们了解自信对一个人的重要性,使学生能够认识自我,悦纳自我,增强自信。通过活动使学生明白遇到困难时要学会自信,以良好的精神状态去面对困难,真正树立自尊、自信的良好个性品质,从而最终走向成功。

▲ 学习目标

1. 发现自身的才艺,在他人面前展示自己,树立并增强自信心。

2. 在活动中能够勇敢、自信地展示自己,乐于合作和沟通,勇于挑战自我、超越自我。

▲ 学程设计

一、大胆"秀"自己,我喜欢

看一看:在班级公告栏、班级微信群进行宣传,向家长和学生宣传活动的目的、内容、形式、流程及报名方式。

向学生宣传在学校学过的歌曲、儿歌等内容,把学生们以往获奖的各类作品拍成照片展示出来,帮助孩子排除茫然因素,增强参与活动的信心。

二、大胆"秀"自己,我挑战

1. 秀一秀

利用班会、晨会和音乐课时间让每一位学生上台进行才艺表演。

2. 选一选

学生代表和各科老师共同评选出最佳表演奖。

三、争做小达人,我来"秀"

在年级主题活动中,学生展示他们的才艺,婉转动听的歌声、婀娜多姿的舞姿、朗朗上口的古诗吟诵、高亢激昂的鼓声……

第二部分　操作手册

"大胆'秀'自己"课程的内容、实施与评价如下表所示：

实施年段	模块	课时安排	实施途径	主 要 内 容	评价方式
二年级（下）	大胆"秀"自己我喜欢	1 课时	班会课	利用班会宣传发动"大胆秀自己　争做小达人"活动	学生报名
	大胆"秀"自己我挑战	1 课时 0.5 课时	班会、晨会	各班利用班会、晨会、音乐课时间让每位学生上台进行才艺表演秀	教师、学生互评
		1 课时	音乐课		
	争做小达人，我来"秀"	3 课时	主题活动	和伙伴们一起自信地走上舞台，唱一唱、跳一跳、演一演，勇敢地"秀"出自己的才艺，向大家展示不一样的自己。	节目展示

按照上述表格所示，具体操作分成以下三个模块：

 模块 1：大胆"秀"自己，我喜欢

 看一看

在班级公告栏、班级微信群进行宣传，向家长和学生宣传活动的目的、内容、形式、流程及报名方式。

向学生宣传在学校学过的歌曲、儿歌等内容，把学生们以往获奖的各类作品拍成照片展示出来，帮助孩子排除心理障碍，增强参与活动的信心。

"大胆'秀'自己 争做小达人"才艺大赛报名表

参赛者姓名		班级	
参赛项目			
项目类型	□声乐类 　□舞蹈类 　□器乐类 □运动类 　□语言类 　□手工类 □绘画、书法类 　□其他类		

✦ 模块2：大胆"秀"自己，我挑战

▲ 秀一秀

活动过程

我们根据同学们的才艺，将他们分成了7个组，分别是歌唱组、绘画组、书法组、手工组、舞蹈组、器乐组、朗诵组、运动组。各班利用班会、晨会、音乐课时间让每一位学生上台进行才艺表演秀。

▲ 选一选

才艺小达人我来选

以小组为单位，和小组成员商量，对同伴进行的才艺展示打分，评选出心中的才艺"小达人"。

"大胆'秀'自己 争做小达人"才艺大赛评选表

参赛者姓名		参赛项目	
评比项目		分值	得分
1. 精神饱满，态度大方		5	
2. 内容新颖，打动观众		5	
3. 声音响亮，充满情感		5	
评选小组			

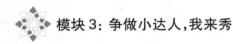 **模块 3：争做小达人，我来秀**

参加"大胆'秀'自己，争做小达人"活动，和伙伴们一起自信地走上舞台，唱一唱、跳一跳、演一演，勇敢地"秀"出自己的才艺，向大家展示不一样的自己。请把自己的靓照贴在相框内。（相框略）

评 价 内 容	自己眼中的"我"			伙伴眼中的"我"		
	好	较好	需努力	好	较好	需努力
1. 能主动报名参加大胆"秀"自己活动。						
2. 能大胆、自信地完成才艺表演，"秀"出自己。						
3. 能和小组成员一起完成评选活动。						
4. 能和小伙伴克服困难，完成表演任务。						

（项目负责人：冯培靖）

第 21 件事　畅享管乐

你要知道，当一个个悦耳的音符在你的气息间流淌；当一组组优美的节奏在你的手指尖跳跃，你就是这美妙意境的创造者！不要再犹豫！赶快拿起你的乐器，用最娴熟的技艺去演绎这美好的乐章，谱写最绚丽的艺术之梦吧！

第一部分　课程纲要

▲ 课程意图

艺术教育是一片神奇的土壤，常在潜移默化中滋养、影响着人们的品格和审美。

本课程试图在学生最初的认知、学习到最后的演绎过程中，培养他们良好的音乐素质、音乐技能和音乐审美，帮助学生身心的健康成长，对他们的终身发展产生积极的影响。

▲ 学习目标

1. 在声部课程与合奏训练中不断提升个人的音乐素养与审美能力，在创造音乐美的同时感受音乐的无穷魅力。

2. 认识并学习一种西洋乐器的演奏方法与技能。

3. 在合奏训练中培养团队合作的精神与团队协作的能力。

▲ 学程设计

一、"引子"——"平和的行板"

1. 说一说：认识有关管乐队的相关知识。

2. 辨一辨：了解和识别管乐队乐器的种类。

二、"第一乐章"——"快乐的中板"

1. 试一试：选择一件自己喜爱并适合自己的乐器，奏一奏。

2. 练一练：在声部课中完成相应的课程内容。

三、"第二乐章"——"华彩的小快板"

演一演：了解和掌握团队合奏的常识、方法与技能；准备一场音乐表演。

第二部分 操作手册

"畅享管乐"课程的内容、实施与评价如下表所示：

实施年段	模块	课时安排 （1课时为 70分钟）	实施途径	主 要 内 容	评价方式
三—五 年级	引子	1课时	音乐课	了解管乐相关知识，认识部分西洋乐器。	学生互评
	第一乐章	14课时	兴趣活动 拓展	选择所学乐器，按课程进行学习。	评价表
	第二乐章	14课时		掌握合奏技巧，完成合奏曲目。	节目单

按照上述表格所示，具体操作分成以下三个模块：

模块1:"引子"——"平和的行板"

 说一说

能向大家介绍一下你所了解的管乐队吗？

温馨小提示：

1. 主动查找相关资料，并能向大家介绍，能获得一个👍哦！

2. 认真倾听他人介绍，也能获得一个👍哦！

辨一辨

1. 你知道管乐队中的乐器分为哪几类吗？

答：管乐队主要分为_____类、_____类和_____类。

温馨小提示：

　　答对一个能获得一个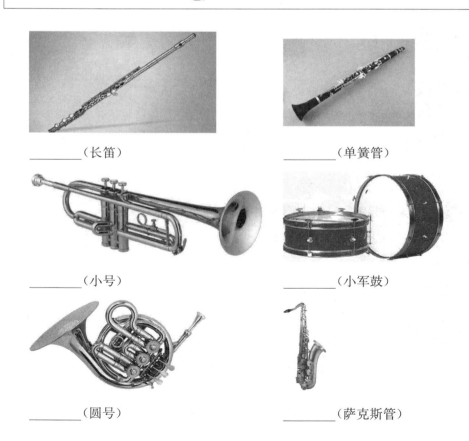，全部答对就能获得 3 个哦！

2. 你知道下面这些乐器的名称吗？

温馨小提示：

　　1. 答对一半能获得一个。

　　2. 答对一半以上能获得 2 个。

　　3. 全部答对就能获得 3 个哦！

_____（长笛）　　　　　　_____（单簧管）

_____（小号）　　　　　　_____（小军鼓）

_____（圆号）　　　　　　_____（萨克斯管）

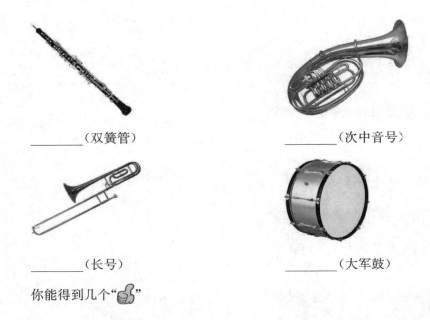

_____（双簧管）　　　　　　　　_____（次中音号）

_____（长号）　　　　　　　　_____（大军鼓）

你能得到几个"👍"

能向大家介绍一下你所了解的管乐队吗？	
你知道管乐队中的乐器分为哪几类吗？	
你知道上面这些乐器的名称吗？	

❖ 模块2:"第一乐章"——"快乐的中板"

▲ 试一试

　　你学习的是管乐队中的_____类乐器,它的名称叫_____。

温馨小提示：

　　都答对了能获得一个👍,答错了可没有哦!

▲ **练一练**

1. 你所学乐器的演奏方法你掌握了吗？

2. 你能按时参加训练并完成声部老师布置的练习作业吗？

3. 你能为大家表演一首乐曲吗？

温馨小提示：

1. 课程考核达到良好能获得 1 个 👍，达到优秀能获得 2 个 👍 哦！

2. 课程考核受到声部老师表扬能获得 1 个 👍，被评为学期好学员能获得 2 个

👍 哦！

徽宁路第三小学"七彩梦"艺术团

——管乐团训练评价表

声部姓名

你能得到几个

你学习的是管乐队中的哪类乐器，它的名称叫什么？	
你所学乐器的演奏方法你掌握了吗？	
你能按时参加训练并完成声部老师布置的练习作业吗？	
你能为大家表演一首乐曲吗？	

✿ **模块 3："第二乐章"——"华彩的小快板"**

▲ **演一演**

演奏会前的准备：

1. 明确自己在乐队合奏时的具体声部和位置。

	评价内容	评价等级
声部课程	完成课程教材练习	
	遵守课堂纪律	
合奏训练	完成集体奏乐曲	
	与队员配合、协作能力	
出席	次	缺席	次
教师留言		

2. 检查乐器按键、哨片等功能是否完善。

3. 演出所需的曲目是否已经熟练掌握（包括掌握每首乐曲中各声部的平衡与和谐）。

4. 与队员一起设计一张节目单。

（项目负责人：卞恩伟）

第 22 件事　唱响心中的歌

在这个舞台上没有"我"，只有"我们"。每一次与音乐的美好邂逅，将目光望向他人的世界，望向自己的内心。在音乐天地中，欣赏美、感受美、创造美，将情感融入音乐，用心表达，才能将快乐带给彼此。

第一部分　课程纲要

▲ **课程意图**

童声合唱团是一个学习的园地，是孩子们快乐成长的乐园！每一个爱唱歌、有表演潜质的孩子都能在这儿发挥自己的个性。

在合唱团里，合唱技巧的掌握不是一蹴而就的，它是一个极其复杂而又艰辛的过程，因而也就要求老师必须在合唱教学时有目标和重点。该课程试图通过对学生声音的统一训练、气息的训练，以及学生和声听觉、音准和多声部的合唱歌曲训练，由易到难，循序渐进，从而帮助学生体会到团队合作精神以及合唱带来的美好细腻的思想情感。

▲ 学习目标

1. 了解有关童声合唱的基本知识。
2. 在训练中学习基本的歌唱技巧，注重音色统一和气息控制。
3. 能演唱优秀的少儿歌曲并能对歌曲进行艺术表现。

▲ 学程设计

一、合唱入门

1. 听一听：通过欣赏优秀合唱团表演，了解什么是童声合唱及童声合唱的特点。
2. 做一做：模仿正确的唱歌姿势，寻找唱歌时的声音状态。
3. 学一学：知道歌唱的呼吸方法，发声的原理，进行有意识的吸气和有控制的吐气训练。

二、合唱的基础训练

1. 练一练：基本发声练习。单音练习，统一音色的训练，气息要均匀，声音要平稳；跳音练习，训练声音的灵敏，声音的集中。
2. 合一合：进行和声性练习，既有声音平稳、音量匀称，又有乐句的流动感。

三、合唱曲目排练

唱一唱：将所学的歌曲完整地进行合唱。

第二部分　操作手册

"童声悠扬"课程的内容、实施与评价如下表所示：

实施年段	模块	课时安排(1课时为70分钟)	实施途径	主要内容	评价方式
四、五年级	合唱入门	1课时	兴趣活动	1. 了解童声合唱 2. 掌握发声方法	自评互评
	合唱的基础训练	17课时		各类练声曲的训练 学唱优秀儿童歌曲	1. 自评互评 2.《学生成长册》评价
	合唱曲目排练				

按照上述表格所示，具体操作分成以下三个模块：

 模块1：合唱入门

 听一听

欣赏优秀童声合唱表演
童声合唱的特点

同学们，你们一定很喜欢唱歌吧！唱歌的形式可多啦，有独唱、齐唱、对唱、重唱、小组唱、表演唱，还有合唱。

什么是童声合唱呢？童声就是你们现在歌唱的声音，不管男孩女孩都是童声，用童声来进行多声部演唱，就叫童声合唱。它是一种高雅的音乐艺术表演形式。

▲ 做一做

积极的演唱状态

良好的演唱状态是歌唱者在演唱时始终处于振奋、生气勃勃的精神状态中，含笑而扬眉，并积极地调动所有发声器官，打开咽腔，理顺呼吸，这才具备了歌唱的条件。

▲ 学一学

呼吸是歌唱发声活动的原动力，只有掌握了正确的呼吸才可能产生良好的歌声。同样，要想产生优良的音质、正确的音准和清晰的吐字，主要的先决条件也是正确的呼吸。

歌唱的呼吸在吸气时与自然呼吸基本是相同的，所以必须明确：（1）吸气是保持身体的放松，垂肩、抬头。（2）口鼻同时吸气。

歌唱的呼气与自然呼吸是不同的。自然呼吸在呼气时，肌肉放松。但歌唱时的呼气，却是有控制地使用有关肌肉，按照所需的气量，慢慢送出。

❖ **模块 2：合唱的基础训练**

▲ 练一练

一、统一音色的练声曲

（1）1 = F　2/4

$$5 \quad 5 \mid 5 \ - \mid \underline{5\ 4} \ \underline{3\ 2} \mid 1 \ - \ \|$$

u　u　u　-　u　-　-　-

yo o　o　-　yo　-　-　-

提示：母音"U"最易被学生掌握，也最容易使声音集中，练习时，气息要均匀，声音要平稳，不能忽细忽粗，要发出像火车汽笛"呜呜呜"那样的鸣叫声。

（2）1 = F　2/4

$$\underline{1\ 2} \quad \underline{3\ 4} \mid \underline{5\ 4} \quad \underline{3\ 2} \mid 1 \ - \ \|$$

yo　　ya　　yo　　ya　　yo

bongba　bongba　bongba　bongba　bong

提示：气息像吹哨子,力气不要多。嘴适当张大,鼻咽腔打开产生共鸣。起声要统一,每个长音不要停留在那,要注意继续吹气。

二、断、跳音练习

(1) 1 = d　2/4

```
 5 3 3 3    3  |  5 3 3 3    3  |  5 3 3 3    5 3 3 3  |  5 3 3 3    3  ‖
 啊衣牙力   索    啊衣牙力   索   啊衣牙力    啊衣牙力    啊衣牙力   索
 3 1 1 1    1  |  3 1 1 1    1  |  3 1 1 1    3 1 1 1  |  3 1 1 1    1  ‖
```

提示：可先齐唱高声部练习,也可用二声部合唱的方式练习。练习时用中速断音唱;训练声音的灵敏、咬词的清楚;要求声音的集中、靠拢与高位置;要求声音的竖、含、深、空。

(2) 1 = d　2/4

```
1 3   3 5   5 3   3 1  :‖  1 - - -  ‖
ye    e     e     e         e
a     a     a     a         a
```

提示：用气来振动声带,用小腹吹气,气要送出来,放松喉咙。注意气息连贯,不要拼命地加快吸气、呼气,那样会使下一句开始时声音显得臃肿。

▲　合一合

二声部练习曲

1 = a　2/4

```
 3    3  | 4    5  | 5    4  | 3    2  | 1    1  | 2    3  |
 嘿   啦   啦   啦   嘿   啦   啦   啦   嘿   啦   啦   啦
 1    1  | 2    3  | 3    2  | 1    7  | 3    3  | 4    5  |
```

```
 3.   2  | 2  -   | 3    3  | 4    5  | 5    4  | 3    2  |
 嘿   啦   啦        嘿   啦   啦   啦   嘿   啦   啦   啦
 1.   7  | 7  -   | 1    1  | 2    3  | 3    2  | 1    7  |
```

| 1 | 1 | | 2 | 3 | | 2. | 1 | 1 | | 1 | - | | 2 | 2 | | 3 | 1 | |
嘿　啦　　　啦　啦　　嘿　啦　啦　　　　嘿　啦　　　啦　啦
| 3 | 3 | | 4 | 5 | | 4. | 3 | 3 | | 3 | - | | 7 | 7 | | 1 | 5 | |

| 2 | 3 4 | | 3 | | 1 | | 2 | 3 4 | | 3 2 | | 1 2 | | 5 3 | | 3 3 | |
嘿　啦啦　　啦　　啦　　嘿　啦啦　　啦　啦　　嘿　啦　　啦　嘿　　啦
| 7 | 1 2 | | 1 | 5 | | 7 | 1 2 | | 1 7 | | 6 2 | | 5 1 | | 1 1 | |

| 4 | 5 | | 5 | 4 | | 3 | 4 2 | | 1 | 1 | | 2 | 3 | | 2. 1 | | 1 | - ‖
啦　啦　　嘿　啦　　啦　啦啦　　嘿　啦　　啦　啦　　嘿　啦　啦
| 2 | 3 | | 3 2 | | 1 | 7 5 | | 3 3 | | 4 | 5 | | 5. 5 | | 1 | - ‖

提示：要求声音有华彩，唱开、唱高、唱竖，既有高位置又有气息的弹性支持，速度不要慢，要稍快。

 模块3：合唱曲目排练

▲ **唱一唱**

童声合唱曲目

《绿色的小风铃》	《八只小鹅》
《玩具恰恰舞》	《永远》
《春光好》	《小蜗牛》
《放飞少年》	《装扮蓝色的地球》

（项目负责人：顾音杰）

第23件事　登上七彩梦舞台

这里的舞台缤纷绚烂，这里的舞台充满梦想，亲爱的小伙伴们，让我们登上这七彩梦舞台,勇敢地展现多才多艺的你,自由自在地放飞心中的梦想。在这令人向往的舞台上闪耀出动人的身影,为生活增添斑斓的色彩。

第一部分　课程纲要

课程意图

当今社会,孩子们在口头表达能力、表现能力、想象力和合作协调能力上较弱。本课程从声音、台词、形体、表演四个方面来帮助学生展示自我、解放天性,让孩子把想说的、想做的,通过表情、动作在观众面前艺术性地表现出来,致力于提升他们的口头表达能力和行为表现力。同时,通过表情、语气和形体动作,生动地表现出喜怒哀乐等不同的情绪,使学生学会与同学和谐相处,默契配合,最后能登上七彩梦舞台,完成扮演一个故事人物的角色,实现自己的梦想。

学习目标

1. 初步了解声音、台词、形体、表演的基本知识,知道舞台上小品、课本剧、朗诵、戏剧等艺术表演的形式和方法,使表演综合素质得到全方位的展示与培养。

2. 通过再创作和创造性表演,将看不见,摸不着的人物角色形象灵动地展现在小舞台上,登上舞台、爱上表演、完成自己的梦想。

学程设计

一、发现好声音

1. 练一练:练习正确的呼吸、发声、咬字吐字的基本技巧。

2. 学一学:通过绕口令《数枣》、《八百标兵奔北坡》等绕口令的练习,学会清晰的吐字发声的技巧。

3. 玩一玩:绕口令游戏比赛,注意力集中游戏《海盗船长》、《镜中人》等。

4. 评一评：评选出绕口令比赛和游戏获胜小组。

二、练说好口才

（一）上海说唱《金陵塔》

1. 练一练：练习《金陵塔》中绕口令的片段

2. 学一学：学习上海方言的发音，介绍上海说唱《金陵塔》的来历。

3. 听一听：听听上海说唱《金陵塔》的片段。

4. 唱一唱：学唱上海说唱《金陵塔》的片段。

5. 评一评：能有感情、流利地朗读绕口令，准确演唱戏剧曲调，表演动作连贯、台风得体大方。

（二）情绪表达朗诵《艳阳天》

1. 练一练：朗诵《艳阳天》，要求咬字吐字清晰准确，声音响亮，情绪饱满。

2. 玩一玩：游戏《我中奖了》，听指令用表情表达喜怒哀乐四种情绪。

3. 读一读：用喜怒哀乐四种不同的情绪读一读《艳阳天》。

4. 演一演：个人表演情绪朗诵《艳阳天》，分别用语气表达出喜怒哀乐不同的情绪。

5. 评一评：能有感情地、流利地朗读《艳阳天》、准确表达情绪、台风得体大方。

三、形体我最美

1. 练一练：形体基本功站、坐、走、肢体的控制。

2. 玩一玩：音乐游戏《不准碰到我》训练学生的肢体控制能力。

3. 演一演：无实物连贯动作的形体表演《清晨》。

4. 评一评：个人作品《清晨》展示，评选出最富想象力的作品。

5. 猜一猜：无台词小组表演，用绕口令代替台词，自由命题，表演一个短剧，让学生猜出剧情。

6. 评一评：评选出最优秀表演组，能清晰地用动作和情绪表达出人物的特点和剧情。

四、角色我来演

1. 练一练：动作表演《十道黑》，情绪表演《挡马》片段练习。

2. 玩一玩：口头表达游戏《让座》，即兴反应游戏《我回来了》。

3. 演一演：小组合作命题表演《今天我生日》，小组合作命题表演《送别》。

4. 评一评：评选出最佳默契组和最优秀表演者。

第二部分　操作手册

　　"登上七彩梦舞台"课程的内容、实施与评价如下表所示：

实施年段	模块	课时安排	实施途径	主 要 内 容	评价方式
四、五年级	发现好声音	4课时	兴趣课	1. 基本的发声方法训练 2. 绕口令《数枣》、《八百标兵奔北坡》 3. 游戏《海盗船长》、《镜中人》	学生互评 师生互评
	练说好口才	4课时	兴趣课	1. 曲调演唱练习《金陵塔》 2. 情绪朗诵《艳阳天》	学生互评 师生互评
	形体我最美	4课时	兴趣课	1. 基本形体训练 2. 无实物形体表演《清晨》 3. 小组合作无台词小品表演	学生互评 师生互评
	角色我来演	6课时	兴趣课	1. 动作表演《十道黑》 2. 情绪表演《挡马》片段 3. 口头表达游戏《让座》 4. 即兴反应游戏《我回来了》 5. 命题表演《今天我生日》、《送别》	学生互评 师生互评

　　按照上述表格所示，具体操作分成以下四个模块：

 模块1：发现好声音

 练一练

1. 找到自己的丹田位置。

2. 用腹式呼吸法练习吸气吐气。

3. 学做唇齿操。

4. 练习"狗喘气"的吐气方法。

5. 练习"气泡音"的发声方法。

▲ 学一学

学习绕口令《数枣》，请用一口气完成，看你能数几个枣！

数枣

出东门过大桥，大桥底下一树枣，

拿着竹竿去打枣，青的多红的少，

（吸足气）一个枣两个枣三个枣四个枣五个……

学习绕口令《八百标兵奔北坡》，请保持速度一致！

标准版：

八百标兵奔北坡，炮兵并排北边跑，炮兵怕把标兵碰，标兵怕碰炮兵炮。

升级版：

八了百了标了兵了奔了北了坡，　炮了兵了并了排了北了边了跑。

炮了兵了怕了把了标了兵了碰，　标了兵了怕了碰了炮了兵了炮。

▲ 玩一玩

游戏《海盗船长》（训练注意力集中练习的发声游戏）

围成一个大圈，指定一个同学，用最大声喊出、指出海盗船长，被指的同学立刻做敬礼动作，两边的同学做划船动作。

游戏《镜中人》（模仿动作练习游戏）

两人一组，做出镜子中相同的动作。

▲ 评一评

评 价 内 容	师评	生评	总评
能一口气完成绕口令《数枣》、口齿清晰、气息保持时间长	☆☆☆☆☆	☆☆☆☆☆	☆☆☆☆☆
绕口令《八百标兵奔北坡》、吐字清晰、节奏准确	☆☆☆☆☆	☆☆☆☆☆	☆☆☆☆☆
海盗船长游戏，反应迅速、动作灵敏	☆☆☆☆☆	☆☆☆☆☆	☆☆☆☆☆
镜中人游戏，动作协调，模仿准确	☆☆☆☆☆	☆☆☆☆☆	☆☆☆☆☆

 模块 2：练说好口才

一、上海说唱《金陵塔》片段

▲ **练一练**

《金陵塔》是绕口令和方言的组合，请读准发音哦！

桃花钮头红，杨柳条儿青，

不唱前朝评古事。唱只唱金陵宝塔一层又一层。

金陵宝塔第一层，一层宝塔有四只角，

四只角上有金铃，风吹金铃旺旺响，雨打金铃唧铃又唧铃。

这座宝塔造的真伟大，全是古代劳动人民汗血结晶品啊。名胜古迹传流到如今。

墙上一根藤 藤上挂铜铃

风吹藤动铜铃动 风停藤停铜铃停 雨打金铃唧铃又唧铃。

金陵塔塔金里格陵，金陵宝塔第九层，

九层宝塔有三十六只角，三十六只角上有金铃，

风吹金铃旺旺响，雨打金铃唧铃又唧铃。

这座宝塔造的真伟大,全是古代劳动人民汗血结晶品啊。

名胜古迹传流到如今。

天上七颗星,树上七只鹰,墙上七根钉,台上七盏灯,河里七块冰,

哦约 天上乌云遮没天上七颗星,

奥嘘 赶脱树上七只鹰 叮当 拔脱墙上七根钉 扑脱 吹脱台上七盏灯,

机机骨骨踏碎河里七块冰,

冰灯钉鹰星 星鹰钉灯冰 灯星鹰冰钉 星鹰钉灯冰 钉冰灯星鹰 冰星灯鹰钉,

雨打金铃唧铃又唧铃 金陵塔塔金里格陵,

金陵宝塔第七层层,七层宝塔有廿八只角,

廿八只角上有金铃,风吹金铃旺旺响,雨打金铃唧铃又唧铃。

这座宝塔造的真伟大,全是古代劳动人民汗血结晶品啊。名胜古迹传流到如今。

▲ 学一学

上海方言的发音

上海说唱《金陵塔》的来历。

▲ 听一听

请大家听一听《金陵塔》。

▲ 唱一唱

请大家唱一唱《金陵塔》。

▲ 评一评

评 价 内 容	师评	生评	总评
朗读绕口令《金陵塔》片段声音响亮、口齿伶俐	☆☆☆☆☆	☆☆☆☆☆	☆☆☆☆☆

续　表

评 价 内 容	师评	生评	总评
准确演唱《金陵塔》曲调 不走音、不跑调	☆☆☆☆☆	☆☆☆☆☆	☆☆☆☆☆
上海方言发音标准	☆☆☆☆☆	☆☆☆☆☆	☆☆☆☆☆
表演动作连贯、台风得体	☆☆☆☆☆	☆☆☆☆☆	☆☆☆☆☆

二、诗歌《艳阳天》

▲ **练一练**

朗诵《艳阳天》，要求咬字吐字清晰准确，声音响亮，情绪饱满。

艳阳天

艳阳天，春光好，风和日丽真逍遥，

红的花，青的草，杨柳树下有小桥，小桥底下老公公把小船摇。

这一边，兄弟姐妹把风筝放得高；那一边，小三、小四坐在河边儿把鱼钓。

我牧童，穿布鞋，戴草帽，又把那横笛儿插在腰。

我不免把那牛儿放到山上去吃草，去吃草。

▲ **玩一玩**

游戏《我中奖了》

听指令，用动作表现出中奖后喜怒哀乐的四种情绪。

▲ **读一读**

你能用喜怒哀乐四种不同的情绪来读一读《艳阳天》吗？

▲ **演一演**

你能用动作表演诗歌《艳阳天》吗？

▲ **评一评**

评 价 内 容	师评	生评	总评
有感情、流利地,用不同的情绪朗读《艳阳天》	☆☆☆☆☆	☆☆☆☆☆	☆☆☆☆☆
表演《艳阳天》动作独特、有创意,情绪表达准确	☆☆☆☆☆	☆☆☆☆☆	☆☆☆☆☆
能听指令正确表达《中奖了》的情绪	☆☆☆☆☆	☆☆☆☆☆	☆☆☆☆☆

模块 3: 形体我最美

▲ **练一练**

站立姿势、坐的姿势、走路姿势、肢体控制

▲ **玩一玩**

游戏《不能碰到我》

在走动的过程中不能触碰到对方

▲ **演一演**

无实物表演《清晨》

你能用动作来表现起床后的活动吗?

▲ **猜一猜**

小组合作表演自命题无台词的短剧,并用绕口令代替台词的对白。同学们,你能猜出表演的是什么故事么?

评一评

评 价 内 容	师评	生评	总评
无实物表演《清晨》 想象力丰富	☆☆☆☆☆	☆☆☆☆☆	☆☆☆☆☆
自命题短剧能清晰 表达人物特点	☆☆☆☆☆	☆☆☆☆☆	☆☆☆☆☆

❖ 模块4：角色我来演

 练一练

动作表演《十道黑》

一道黑,两道黑,三四五六七道黑,八道九道十道黑。

我买了个烟袋是乌木杆儿,我掐着它的两头一道黑。二姑娘描眉去演戏,照着个镜子两道黑。

粉皮墙写川字儿,横瞧竖瞧三道黑。象牙桌子乌木的腿儿,放在那炕上么四道黑。

买了个母鸡不下蛋,圈在那笼里捂到(五道)黑。挺好的骡子不吃草,拉到那街上么遛到(六道)黑。买了个小驴不拉磨,套上那鞍鞯骑到(七道)黑。姐俩南洼去割草,丢了那镰刀拔到(八道)黑。月科儿的孩子得了病,尽点儿艾子灸到(九道)黑。卖瓜籽的打瞌睡,稀里哗啦撒了么一大堆,那扫帚簸箕不凑手,一个一个拾到(十道)黑。

情绪表演《挡马》片段

我是!我是柳叶镇上一店家,招徕客人度生涯。南来的,北往的,说的都是番邦话。虽是虎狼之威不可怕,也只得假献殷勤伺候他。都只为,身在番邦心在家,无有腰牌把南朝下,眼前虽有千坛酒,心中仇恨难浇下,难浇下。

流落番邦有几秋,思念家乡终日愁。有朝一日南朝转,杀尽胡儿方罢休。在下,焦光普,想当年随同杨家八虎,大闯幽州,咳!不幸被胡儿所擒,将我绑在泥鳅殿前就要问斩,是我心生一计,站在殿前大笑三声。那萧后言到:"临死的孩子为何发笑哇?"是我言道:"大丈夫生而何患,死而何惧,可惜我一双好手!"那萧后又言道:"好手要他有何用啊?"我说:"好手好手,能造香醇美酒。"那萧后喜欢南朝美酒,闻听此言脸露笑容说:"孩子们,赏他五十两银子,叫他在柳叶镇上开一酒店。"咳!是我久想逃回南朝,怎奈一无腰牌,二无路凭,好不愁闷人也……

▲ 玩一玩

口头表达游戏《让座》

要求:说服同学离开座位的理由要合理

一位同学坐在椅子上,

另一位同学站着,

站着的同学要说服坐着的同学离开他的座位。

即兴反应游戏《我回来了》,看看谁的反应能力强?

一位同学扮演小明,

在家里做作业,

突然门铃响了,

先后会进入不同的人物角色。

▲ 演一演

1. 通过一件事情,表达生日的高兴情绪。

同学们,请进行小组合作讨论,创作出《今天我生日》这一作品,注意表达生日的高兴情绪!

2. 小组合作表演《送别》,注意通过故事情节,表达送别的伤感情绪。

▲ 评一评

评 价 内 容	师评	生评	总评
表演绕口令《十道黑》 口齿清晰、动作连贯	☆ ☆ ☆ ☆ ☆	☆ ☆ ☆ ☆ ☆	☆ ☆ ☆ ☆ ☆
表演《挡马》片段情绪变化明显,动作熟练,台风大气	☆ ☆ ☆ ☆ ☆	☆ ☆ ☆ ☆ ☆	☆ ☆ ☆ ☆ ☆
小组创作表演《今天我生日》小组合作默契,情绪表达正确	☆ ☆ ☆ ☆ ☆	☆ ☆ ☆ ☆ ☆	☆ ☆ ☆ ☆ ☆
小组创作表演《送别》小组合作默契,情绪表达正确,富有创意	☆ ☆ ☆ ☆ ☆	☆ ☆ ☆ ☆ ☆	☆ ☆ ☆ ☆ ☆

（项目负责人：朱敏）

第 24 件事　与小伙伴一起赏茶品香

茶是有灵性的,蕴含着她生长所在的那片山水和人文,给品茶之人留有无尽的回味,使人唇齿留香……约三五好友,一壶茶,清叶舒张;一畅谈,闲情雅趣。问茶、弄茶之间,邂逅茶、香二味,展开优雅的学习生活。

第一部分　课程纲要

▲ 课程意图

中华茶文化历史悠久。随着茶饮的普及,它不断浸润着人们的心灵,并以其独特的审美情趣与鲜明的个性成为中华民族灿烂文明的一个重要组成部分。

本课程的开发旨在让学生在接触茶艺的过程中将礼仪、礼节、礼貌融于一体,接受传统文化的熏陶。此外,它注重培养孩子的文化修养与素质,让孩子在活动中潜移默化地培养动手能力,陶冶情操。以孩子独有的天性进行赏茶、备器、泡茶、敬茶、品茶,既弘扬了茶文化,又接受了爱国主义教育;既有劳动技能,又培养了自理能力。同时,通过探究、实践园等栏目让学生了解有趣的茶故事、茶闻趣事,让茶之魅充分得到学生的热爱,将茶文化传递给身边的每一个人。

▲ **学习目标**

1. 知道茶的基本知识,学会基本茶类和调和茶的冲泡,学会客来敬茶的礼仪。

2. 在冲泡实践中体会茶艺表演的乐趣,感受高尚的茶风与茶韵,提高自身的艺术修养和欣赏水平,使茶文化得以继承和发扬。

3. 将学习过程收集在"成长资料袋"中,感受茶之魅。

▲ **学程设计**

一、中国茶走世界

1. 看一看:知道茶是中国的国饮。认识四大茶区,在中国地图上用四种颜色涂一涂四大茶区,了解茶的发源地。

2. 查一查:通过欣赏茶马古道图片了解茶文化的传播,了解茶如何从大森林走进千家万户。

3. 说一说:看图连线,说一说古人哪些运输方式让茶走向全国,走向世界。

二、茶馆的大演变

1. 走一走:通过亲子活动,走进城隍庙观看湖心亭,知道茶馆的基本式样和共同特点。

2. 看一看:图片欣赏北京、成都、杭州、上海等地的茶馆。

3. 画一画:开展"小小设计师"活动,画出未来的茶馆,并在版面上展示。

三、茶壶里的秘密

1. 看一看:了解茶壶有哪几部分组成,欣赏各种材质的茶壶。

2. 做一做:用橡皮泥亲手动手制作小茶壶,进行团队展示。

四、茶叶的贮藏

1. 说一说：介绍家庭贮藏茶叶的方法。

2. 学一学：学习各种茶叶不同的贮藏方法，把小窍门用到生活中去。

五、走进碧螺春

1. 查一查：了解碧螺春的故事，制作电脑小报。

2. 比一比：绿茶知识问答活动——小小智力冲浪。

3. 做一做：动手冲泡碧螺春茶，小组成员相互品茗、交流。

六、茶叶的妙用

1. 说一说：交流茶的功效，感受其奇妙之处。

2. 做一做：亲手制作茶色拉，激发学生喜爱茶的兴趣。

七、花草养生茶

1. 学一学：知道花草茶在现代生活中是一种健康饮品，查找不同花草茶的功效。

2. 认一认：认识各种不同的花草茶：玫瑰、桂花、菊花、枸杞、玉蝴蝶等。

3. 做一做：动手配制一道花草茶，动手冲泡，品尝味道，说说想法。

八、泡茶的水温

1. 看一看：认识一沸水、二沸水、三沸水。

2. 做一做：用不同的水温冲泡碧螺春，进行品尝讨论。

九、快捷的袋泡茶

1. 说一说：了解泡茶四要素。

2. 看一看：根据示范冲泡袋泡茶，知道袋泡茶冲泡的要点。

3. 做一做：动手冲泡袋泡茶，组内交流。

十、茶学百花园

1. 查一查：查找与相关的茶对联，进一步了解茶文化。

2. 读一读：小组诵读《饮茶歌》。

第二部分 操作手册

"赏茶品香"课程内容、实施与评价如下表所示：

实施年段	模块	课时安排	实施途径	主 要 内 容	评价方式
三至五年级	中国茶走世界	1 课时	兴趣活动	认识四大茶区,茶马之道走世界。	小报交流
	茶馆大演变	2 课时		欣赏、设计茶馆。	作品展示
	茶壶的秘密	2 课时		认识不同茶壶,制作体验。	作品展示
	茶叶的贮藏	2 课时		了解正确贮藏茶叶。	家长评价
	走进碧螺春	2 课时		冲泡碧螺春。	冲泡展示
	茶叶的妙用	2 课时		了解茶对健康的益处。	小报展示
	花草养生茶	2 课时		配制花草茶。	作品展示
	泡茶的水温	2 课时		知道泡茶水温,冲泡碧螺春。	冲泡展示
	快捷袋泡茶	2 课时		了解袋泡茶,冲泡。	冲泡展示
	茶学百花园	1 课时		知茶联,读茶诗。	小组展示

按照上述表格所示,具体操作分成以下四个模块,部分展示如下：

模块 1：中国茶走世界

 查一查

人们通过查阅各国的文献,按年代和区域,绘制出一幅茶叶传播的图。你想了解"茶叶之路"吗?

作为古老的东方文明的象征，中国茶对人类有着卓越的贡献。

"茶叶之路"与"丝绸之路"一样，打通了中国与世界的联系。茶在世界三大无酒精饮料（茶、咖啡、可可）中居于首位。

中国茶叶传播到国外有二千多年的历史。南北朝时，我国的茶叶就开始输出至东南亚邻国及亚洲其他地区。宋代的荣西禅师又从我国传入茶籽种植。十世纪时，蒙古商队将中国砖茶从中国经西伯利亚带至中亚。十五世纪初，葡萄牙商船来中国，茶叶对西方的贸易开始出现。而荷兰人约在公元 1610 年左右将茶叶带至了西欧，后传至东欧，再传至俄、法等国。十七世纪时传至美洲。

我国茶叶已行销世界 50 多个国家。有 160 多个国家和地区的人民有饮茶习俗，饮茶人口 20 多亿。

▲ **说一说**

说一说古人哪些运输方式让茶走向全国，走向世界。

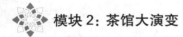**模块 2：茶馆大演变**

▲ **走一走**

同学们，在城隍庙里有许多茶馆，你们知道最著名的是哪个吗？

湖心亭

上海老城厢的湖心亭，建于 1784 年（清代乾隆四十九年），茶馆的底座是花岗岩的，房子是八角形的两层木结构。面水临窗是花梨木的茶几靠椅，抛空居中的是云石面的红木圆桌和蛋圆形的凳子。墙上挂字画，往来无白丁。如今它再增添了些江南的民乐，古朴之风越发浓郁。虽然茶楼曾叫过"也是轩"，后又改名"宛在轩"，但凡来喝茶的和不来喝茶的，依然把它叫做"湖心亭"。

▲ 看一看

▲ 画一画

小小设计师，请你来画一画心中的茶馆。

❖ 模块 3：茶壶里的秘密

▲ 看一看

欣赏各种形状的茶壶，说说茶壶有哪几部分组成？

说一说茶壶有哪些部件组成：<u>壶身、壶盖、壶把、壶嘴</u>。

▲ 做一做

动手体验——制作小茶壶。

作品展示：

茶壶组合　　　　　　小象壶　　　　　　八卦壶　　　　　　元宝壶

知识园：

紫砂壶的特点

具有一定的透气性和吸水性,既利于保持茶的原香原味,又无熟汤气。盛夏,壶中茶汤不会变质发馊。

具有良好的保温性,冬天在火上煨烧不会爆裂,但不适合冲泡细嫩的茶叶。

缺点是颜色较深,难以观察茶汤色泽和壶中茶叶的舒展变化,但可以用来冲泡粗老的茶叶。

 ## 模块 4: 茶叶的贮藏

 说一说

写下家庭贮藏茶叶的方法。

 ## 模块 5: 走进碧螺春

 查一查

良好的生长环境

碧螺春产于太湖中的洞庭东、西两山。太湖水面,水气蒸腾,雾气悠悠,空气湿润。两山气候温和,土壤呈微酸性,质地疏松,极易于茶树生长。

独特的栽种方法

洞庭山上种满了各种果树,一年四季,花香果香弥漫。

茶树就间种在果树之间，它们汲取着太湖水的养分，与果树的根系交错，茶吸果香，花取茶味，形成碧螺春独特的花果味的特点。

碧螺春的特征

纤细多毫、卷曲呈螺、嫩香持久、滋味鲜醇、回味甘甜。一斤优质的碧螺春茶大约由八到九万个细嫩的茶芽炒制而成。

▲ **比一比**

智力大比拼

1. 我国野生大茶树主要分布在：（　　　）

A. 东北　　　　　　B. 西北　　　　　　C. 西南

2. 六大基本茶类是（　　　）

A. 黑、白、红、绿、青、黄　　　　　　B. 红、绿、青、黄、花、白

3. 碧螺春的产地（　　　）

A. 杭州西湖　　　　B. 苏州洞庭湖

4. 碧螺春富有独特的（　　　）香味，因此倍受欢迎。

A. 花果　　　　　　B. 樟脑

▲ **做一做**

冲泡绿茶一般有两种投茶方法，冲泡碧螺春茶适合用"上投法"。

冲泡步骤：

上投法：烫杯、注水、投茶、润茶

碧螺春茶　赏杯中景观

茶叶入水时的样子	水中芽叶舒展的形态变化	芽叶舒展所需的时间	投茶前后茶汤色泽的变化	其他

模块 6：茶叶的妙用

 说一说

茶的奇妙之处在于茶能治病、能减肥、防龋齿、保护视力。茶能加工制成多种食品。茶还能驱除异味。同时，茶能加工制成很多对人们有益的东西，如沐浴露、牙膏、洗发液、洗手液等。

 做一做

茶色拉——将绿茶粉而后沙拉酱搅拌，即成绿茶沙拉酱，根据个人喜好添加拌料。

知识园：

1. 常喝乌龙茶的人，龋齿发生率下降 60％左右。

2. 用茶叶 9 克，浓煎口服可以防治肠道疾病。

3. 用茶叶水煮的大米饭，能养生保健，祛病延年。

 模块 7：花草养生茶

 **学一学**

花草茶可以强身健体，舒缓紧张情绪，镇定心神，帮助消化，是现代生活中相当健康的饮品。

认一认

各种不同的花茶

千日红

特点：花色丰富，花朵向上

功效：清肝、止咳定

主治：气喘咳嗽、百日咳、眼痛

玫瑰花

特点：色彩鲜艳、香气宜人

功效：理气解郁、和血散淤

主治：肝痛、气痛

茉莉花

特点：花朵洁白小巧、香气优雅馥郁

功效：理气、开郁、健齿

主治：腹痛、牙痛

▲ 做一做

配制一道花草茶，动手冲泡，品尝味道并说说自己的想法。

❖ 模块 8：泡茶的水温

▲ 看一看

认识一沸水、二沸水、三沸水的不同形态。

一沸：鱼目蟹眼微有声；二沸：涌泉连珠微有涛；三沸：腾波鼓浪大有涛。

▲ 做一做

用不同的水温冲泡碧螺春，进行品尝讨论。

同样的茶叶，分别选用不同的水温冲泡，品一品，口感有什么区别？

不同水质冲泡的对照表（选用茶叶：碧螺春）

	一沸水	二沸水	三沸水
茶汤透明度			
口感			

模块 9：快捷的袋泡茶

▲ **说一说**

袋泡茶：把茶叶切成一定大小的颗粒，再封

装在特种滤纸内，这种茶称为袋泡茶。

泡茶四要素是什么？

茶叶、水温、茶具、冲泡方法。

▲ **看一看**

袋泡绿茶冲泡方法。

注水→投茶包→匀茶→取出茶包

小贴士：

匀茶：浸润袋泡茶时，提起标牌，将茶包在茶汤中上下反复提拉，这就是匀茶。匀茶可以使茶叶中的有效成分尽快浸泡出来。

取出茶包：如果茶包长时间浸泡在水中，茶汤会变得又苦又涩，所以，我们在茶汤基本不再变色时提出茶包。

▲ **做一做**

动手冲泡袋泡茶，填表交流。

	茶汤色泽	清浊度	香气	口感
先置茶包再冲泡				
先注水再投茶包				

模块 10：茶学百花园

茶联，是我国对联宝库中的一枝夺目鲜花。

▲ 查一查

茶对联

欲把西湖比西子，从来佳茗似佳人。

龙井云雾毛尖瓜片碧螺春，银针毛峰猴魁甘露紫笋茶。

香飘屋内外，味醇一杯中。

蒙顶山上茶，扬子江心水。

客至心常热，人走茶不凉。

美酒千杯难成知己，清茶一盏也能醉人。

来不请，去不辞，无束无拘方便地。

▲ 读一读

饮茶歌

中华茶艺源流长，千年茶树飘幽香，

茶种技艺传四海，好茶名茶流八方。

一杯清茶捧在手，甘甜爽口滋味香，

提神醒脑利学习，明目护齿助消化。

饮茶也要讲卫生，空腹饮茶心里慌，

客来敬茶表心意，以茶会友叙衷肠。

礼仪风采人称赞，民族文化得发扬，

少年儿童继传统，中华茶艺更发扬。

（项目负责人：杨艳）

第 25 件事　舞动最美的童年旋律

她们的眼神是天使的光芒,她们的歌声在轻柔地飘扬,她们在跳跃,她们在旋转,她们在飞翔……舞蹈是我们生命的支柱,更是我们舞蹈创作中永远做不完的梦！我愿在这纯净的童真中编织我的舞蹈梦……

第一部分　课程纲要

▲ 课程意图

当前学校教学改革要紧紧围绕素质教育来进行,实施素质教育不仅要培养学生具备较高的思想素质、文化素质,还要具备劳动技能素质及艺术修养素质等。

此课程旨在将舞蹈训练内容与教育性、艺术性相结合,关注和重视舞蹈的教育功能,提高学生学习舞蹈的兴趣和审美能力,促进他们的智能发展,增强学生的体质。

▲ 学习目标

1. 在科学系统的基本功训练中,能顺利完成软、开、绷、直等基础内容。

2. 将单一的基训和短小的儿童歌舞进行组合训练,掌握简单的节奏变化,练就直立、体态、腿线条、腰腿的软度、力度的控制能力。

3. 通过对舞蹈作品的拆零、模仿实践学习,训练表演时对眼神、速度、力度的把握,提高舞台表演能力,感受舞蹈作品,逐步投入舞蹈意境。

▲ 学程设计

一、舞蹈的欣赏

1. 看一看:通过欣赏优秀的儿童舞蹈作品,知道肢体语言的魅力,从而喜欢舞蹈。

2. 说一说：说出对作品的感受，舞蹈的情绪、音乐的节奏。

3. 乐一乐：跟着老师即兴模仿，抒发情绪，愉悦心情，提高兴趣。

二、舞蹈的基训

1. 学一学：学习地面、把上、中间三个不同位置的热身运动。

2. 练一练：

（1）练习地面训练，正确完成坐姿、软度、开度的训练。

（2）练习把上训练，正确的形体、姿态和动作的协调性。

（3）练习中间训练，正确的直立姿态和重心的控制。

3. 合一合：在动听的音乐中练就训练动作。

三、舞蹈的表演

1. 学一学：学习短小儿童歌舞的组合和优秀作品。

2. 比一比：自我观察（照镜子）、相互观察进行对照、比较，确定动作正确与否，相互帮助及师生互动，提高动作质量。

3. 演一演：在音乐中表演情感的表现，美感的展示。

第二部分　操作手册

"舞动最美的童年旋律"课程的内容、实施与评价如下表所示：

实施年段	模块	课时安排	实施途径	主　要　内　容	评价方式
一年级、三年级	舞蹈的欣赏	1课时	兴趣课	欣赏并了解肢体语言的魅力，提高学习舞蹈兴趣。	学生自评、互评和教师评
	舞蹈的基训	5课时		基训——地面训练	
		5课时		基训——把上训练	
		2课时		基训——中间训练	
	舞蹈的表演	5课时	兴趣课舞台实践	1. 短小儿童歌舞组合训练 2. 优秀作品学习	

按照上述表格所示,具体操作分成以下三个模块:

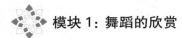

模块 1: 舞蹈的欣赏

▲ 看一看

欣赏优秀的儿童舞蹈作品

1.《为你喊加油》

我们欣赏的舞蹈作品《为你喊加油》是一个荣获全国一等奖的舞蹈。作品是一个以足球为内容而演绎的为祖国励志鼓劲的舞蹈,采用小小啦啦队的表演形式,选取最具有表现力的呼喊,将舞蹈技巧融合在感情中,充分展示少儿舞蹈情趣。

2.《欢乐的鼓声》

瞧! 我校学生表演的《欢乐的鼓声》荣获市区一等奖,曾参加"2010 世博会"演出,黄浦区庆祝教师节演出获得很高的评价。作品以踏着明快节奏的鼓点起舞,随着激扬的音乐声时而击鼓,时而舞蹈,起伏变化的鼓声与热情奔放的舞蹈融为一体,凸显了一群少先队员在队鼓欢快的节奏声中茁壮成长的个性魅力。

▲ 说一说

欣赏之后请说说你的感受,尝试从自己的视角欣赏,通过这些舞蹈学习从中获得了什么感受?

▲ 乐一乐

让我们随着欢快的音乐,时而模仿敲鼓,时而模仿舞蹈吧!

模块 2: 舞蹈的基训

童心跳跃、童心盎然,儿童的心灵向往真善美。多美的舞姿、嘹亮的鼓声,震撼着我们的心灵,让我们一起来做一做热身运动吧。

小贴士:热身运动以跑步为主,分成一般准备运动和专业的准备运动。在音乐声中游戏,达到打开各关节、打开跨、拉韧带的目的。

表演时要注意规范的舞蹈艺术气质,长长的脖子,长长的手臂,长长的双腿,放光的双眼,美丽的笑容,表现较强的表演欲和自信心。

（项目负责人：朱玲婉）

第五章　健康，永恒的命题

健康是人生永恒的命题！健康不仅是个体持久发展的动力源泉，更是孩子们实现梦想的基本条件。鼓励儿童走向运动场，走到阳光下，让他们拥有健康的身心，是学校教育的使命。

<h1 style="text-align:center">第 26 件事　乐在玩中</h1>

爱玩是孩子的天性。给孩子们一样玩具，他们会兴奋一整天；和孩子们做一个游戏，他们会珍藏一辈子。如果今天的回家作业是跟小伙伴或者家长玩一个游戏，教室的天花板肯定会因孩子们的欢呼声而掀开。是啊，玩就是孩子们成长道路上的必需品和营养品。别小看玩！

第一部分　课程纲要

▲ 课程意图

"保护孩子的天性，让每一个孩子爱玩、会玩"，本课程通过师生合作、生生合作和亲子合作，因地制宜地创编出适合学生的、为学生所喜闻乐见的体育游戏，引导学生自主寻找适合自己的娱乐健身方式，体验运动的乐趣，增强体质，培养合作能力和创新精神，让"玩"的过程变得更有意义。

▲ 学习目标

1. 学会创编游戏的方法，体验游戏的乐趣，培养合作能力和创新精神。

2. 掌握一至两项运动技巧，寻找适合自己的娱乐健身方式，有增强体质的意识。

▲ 学程设计

一、室内游戏

1. 查一查：在体育老师的帮助下，通过上网、阅读报纸杂志等方法，查找各种适合小学生在室内进行游戏或体育运动的文本资料、视频资料；

温馨提示：

一年级学生不参加游戏创编活动，但可在"六一"节活动中参与体验室内游戏。

2. 听一听：通过老师介绍，了解创编游戏的方法，了解室内体育游戏的常见玩法。

3. 议一议：通过观察、比较和讨论，总结出进行游戏创编时必须具备的几个要素，学习各个要素的撰写方法。

4. 做一做：师生讨论，进行游戏创编。将游戏的名称、种类、开发者、指导教师、所需器材、游戏方法、游戏规则和安全提示等要素记录在表格中。

5. 玩一玩：在体育课或活动课上，和老师、伙伴们一起按照自己设计的游戏方法和规则玩一玩自己设计的室内游戏；讨论游戏的改进方法，并对自己设计的游戏进行改进。

6. 比一比：

每个班级预备"自创（编）室内游戏方案"，参加学校体育节的"体育游戏创编（室内游戏类）大赛"。

（1）评选方法：

① 每班将本班所创编的室内游戏方案，推送到"本年级室内游戏创编赛"中进行初选。

② 班级代表展示本班创编的室内游戏方案，展示内容包括：介绍游戏方法、规则；演示游戏过程。

（2）评价标准：

满分 10 分。撰写的游戏创编方案要素俱全（3 分），讲解游戏方案清晰、易懂（3分），游戏演示正确（4 分）。

（3）展示平台：

获奖的创编游戏在学校的"六一"考章活动中进行展示。

二、室外游戏

1. 查一查

在体育老师的帮助下，了解开展室外游戏常用的器材以及游戏方法，以小队为单位分组讨论,确定自己小队喜欢的运动器材及方法,进行室外游戏的创编或改编,将创编或改编的游戏填入表中。有困难的可以请教老师或其他小组的同学,也可以运用各种方法查阅相关资料。

2. 评一评

在体育课或活动课上,以小队为单位,进行游戏过程的介绍和展示,由其他同学及老师一起评选,评出大家"最喜爱的室外游戏"。

对大家最喜爱的游戏创意进行"评头论足",对游戏过程的设计到文字的表达提出改进意见,然后再进行游戏体验,直到大家满意。

3. 比一比

每班预备"最喜爱的室外游戏自创(编)室外游戏方案",参加学校体育节的"体育游戏创编(室外游戏类)大赛"。

(1)评选方法：

① 每个班级将本班所创编的室外游戏方案,推送到"本年级室外游戏创编赛"中进行初选。

② 班级代表展示本班创编的室外游戏方案,展示内容包括：介绍游戏方法、规则;演示游戏过程。

(2)评选标准：

满分 10 分。游戏创编方案要素俱全(3 分),讲解游戏方案清晰、易懂(3 分),游戏演示正确(4 分)。

(3)展示平台：

获奖的创编游戏在学校的"六一"考章活动中进行展示。

第二部分　操作手册

"乐在玩中"课程的内容、实施与评价如下表所示：

实施年段	模块	课时安排	实施途径	主要内容	评价方式
二至五年级	室内游戏	3课时	体育课 体育活动课	通过各种渠道了解体育游戏创编的方法。	评比
				体育教师引导,学生进行游戏创编。	
			课间活动 亲子活动	与小伙伴、家长分享游戏的快乐。	学生互评
四、五年级	室外游戏	3课时	体育课 体育活动课	通过各种渠道了解体育游戏创编的方法。	评比
				体育教师引导,学生进行游戏创编。	
			课间活动 亲子活动	与小伙伴、家长分享游戏的快乐。	学生互评

按照上述表格所示,具体操作分成以下两个模块:

 **模块1:室内游戏**

▲ **查一查**

通过上网查寻、阅读报纸杂志等方法,查找各种适合小学生的室内体育游戏的文本资料、视频资料

▲ **听一听**

仔细听老师介绍游戏创编的方法。

▲ **议一议**

小组讨论制定小组游戏方案。

▲ **做一做**

将自己小组的室内游戏方案填入表格。

游戏名称		游戏种类			
适合年级		开发者		指导教师	
所需器材					
游戏方法					
游戏规则					
安全提示					

▲ **玩一玩**

试着玩一玩我们的游戏吧！

▲ **比一比**

体验游戏,为自己喜欢的游戏投上一票。

❖ **模块 2：室外游戏**

▲ **查一查**

翻阅资料,了解创编室外游戏的方法,并将室外游戏方案填入表格。

游戏名称		游戏种类			
适合年级		开发者		指导教师	
所需器材					
游戏方法					
游戏规则					
安全提示					

▲ 评一评

在体育课或活动课上，以小队为单位，进行游戏过程的介绍和展示，由其他同学及老师一起评选，评出大家"最喜爱的室外游戏"。

对大家最喜爱的游戏创意进行"评头论足"，对游戏过程的设计到文字的表达提出改进意见，然后再进行游戏体验，直到大家满意。

▲ 比一比

体验游戏，为自己喜欢的游戏投上一票。

（项目负责人：杨晓光）

第 27 件事　开启生命直通车

生命是人最宝贵的财富，我们应学会保护生命的基本常识，多一点小心，多一份安心，多一点当心，多一份放心，珍惜我们仅有一次的生命，用自己的生命去创造更大的价值，让我们在享受生命的同时，尊重生命，珍爱生命，敬畏生命！

第一部分　课程纲要

▲ 课程意图

本课程遵循"一切为了孩子的健康成长和全面发展"的教育理念，整合了品社、体育、自然、德育、信息、探究六大学科，设计了五大学习模块，把公共安全教育贯穿于学校教育教学的各个环节，使之成为学生公共安全教育最重要的来源。通过开展学生乐于接受的各类安全训练与实践体验，本课程力图丰富他们的学习经历，让学生在实践中去发现、去运用、去内化为他们的自觉行为，从而形成学生的公共安全技能，使安全教育无声地深入学生的心田。

▲ **学习目标**

1. 学会查找身边的安全隐患，提高对危险的认识，树立安全意识。

2. 了解一些常见的防火、防电、防气设施的作用，掌握一些力所能及的逃生与求救方法。

3. 提高自护自救能力，减少灾难事故的发生，珍爱生命。

▲ **学程设计**

一、我是小侦探

1. 找一找：学习交流在学校、在家里、在社区、在路上可能会遇到的突发事件及安全问题的自我保护方法。

2. 查一查：做一回小侦探，查出生活中的隐患，完成"家庭隐患自查表"。

二、天使来支招

1. 学一学：了解公共场所一些常见防火设施及其用途。常用的三种灭火方法。（适用范围、使用方法、注意事项等）

2. 议一议：讨论交流如何正确使用煤气、家用电器等，学着做出正确的做法，并认识各种公共场所的安全标志。

3. 画一画：画一画公共场所的墙上、顶棚上、门上、转弯处等地所设置的"太平门"、"紧急出口"、"安全通道"、"火警电话"和逃生方向箭头等标志，并向伙伴介绍。

4. 做一做：学会拨打报警电话，做到及时正确报警，讲清在火灾发生时110,119,120 的"三台合一，多家联动"。

三、大家去体验

走一走：寻访校外教育基地"上海公安博物馆"和"黄浦区消防中队"，了解自救的方法，完成体验活动。

四、好友来比拼

比一比：进行"防火、防电、防震安全知识知多少"知识竞赛。

五、你我乐宣传

1. 演一演：情景演练,突发遭遇火灾,学校集体逃生演习,听从指挥、沉着、快速、有序。

2. 读一读：自编逃生儿歌向伙伴宣传。

第二部分　操作手册

"开启生命直通车"课程的内容、实施与评价如下表所示：

实施年段	模块	课时安排	实施途径	主 要 内 容	评价方式
一至五年级（上）	我是小侦探	3课时	晨会课	校外安全调查。	自查表
		2课时	体育课	校园剧烈运动自我保护方法。	学生互评
	天使来支招	2课时	品社课	学会常用灭火方法、拨打急救电话。	学生互评
	大家去体验	2课时	社会实践	参观公安博物馆和消防中队,体验自救方法。	任务单
	好友来比拼	0.5课时	晨会课	知识竞赛,游戏中巩固安全知识。	知识竞赛
	你我乐宣传	0.5课时	德育演练	逃生演练,学会自我保护能力。	任务单

按照上述表格所示,具体操作分成以下五个模块：

 模块1：我是小侦探

▲ **找一找**

小朋友,在任何场合都要学会自我保护哦！下面这些安全行为与不安全行为你都了解吗？对照自己的行为自查一下。

在学校——不在楼道里奔跑、尖叫　　在路上——过马路请走横道线,而且要先看左后看右

在家——不要摸亮着的或刚刚关掉的灯泡　　在社区——不逗玩路边或小区内的狗、猫等动物

▲ 查一查

同学们,在你的周围是否存在着安全隐患呢？好好想想,跟你的家人一起查找,完成自查表。

家庭安全自查表

内　　容	是	否	不确定
1. 家庭每个成员是否都清楚火灾逃生的第一准则——让所有人尽快撤离火场,并且不再返回火场？			
2. 家庭每个成员是否都清楚火灾逃生线路？每条逃生路线是否始终畅通无阻？			
3. 一旦发生火灾,家庭每个成员都知道如何正确、快速地拨打 119 火警电话报火警吗？			
4. 家里是否严格禁止卧床吸烟？在丢掉烟头,处理烟灰、烟缸之前是否确定香烟已经熄灭？			
5. 如果你的家里有移动式加热器(电烤炉、小太阳等),它们摆放在安全的位置吗？与人、窗帘和家具保持足够安全距离了吗？			

续　表

内　容	是	否	不确定
6. 当炉灶有火时,总有大人留在厨房吗?			
7. 家里或者邻居是否把电瓶车停放在楼梯间、疏散通道或者安全出口上? 电瓶车是否长时间充电?			
8. 家里居住的地方是否还有进行生产、存储等用途的地方? 有没有考虑相应的消防安全措施?			
9. 家人燃放烟花爆竹是否在远离楼房、加油站、树林等空旷的地方进行?			
10. 家里是否有乱拉乱接电线和超负荷用电的现象?			
11. 家里的电视机周围留出了足够空间,保证空气对流,确保电视机温度不会过高了吗?			
12. 你把垃圾、废物及时地从卧室、储藏室、厨房、通道清理出去了吗?			
13. 家中备有灭火器或其他灭火工具吗? 家庭成员都会正确使用吗?			
14. 家里是否对电气线路、燃气管道、灶具经常进行检查? 家庭成员是否养成了出门时关闭电源、气源的好习惯?			

计分方法:选择"是"得 10 分　选择"不是"得 0 分　选择"不确定"得 5 分

大致结果解释:

总分在 90—100 分的,具有较好的家庭安全意识,请一如既往地坚持;

总分在 60—90 分的,具有基本的家庭安全意识,请不断强化;

总分在 60 分以下的,不具备基本的家庭安全知识,请强化意识,养成安全生活习惯。

 模块 2：天使来支招

 学一学

常用的三种灭火方法

水：适合大多数火灾现场。除因油起火或电线走火现场。

大量沙或干粉：适合用于液体火灾、带电设备火灾。

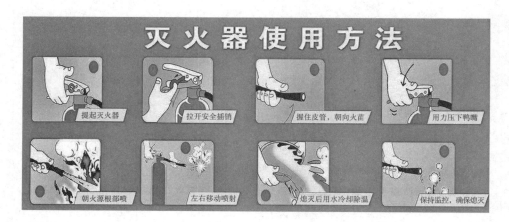

灭火器：常用的灭火器有水型灭火器、干粉灭火器、二氧化碳灭火器及化学泡沫灭火器。

▲ 议一议

小朋友，有时候小小的疏忽会导致严重的人身伤害和财产损失。失火、触电和煤气中毒是我们生活中的三大杀手，请你看到这些现象后学着做出正确的做法。

小朋友,在公共场所你有没有注意过一些安全标志,它们有什么作用呢?

▲ **画一画**

生活中的安全标志有好多啊! 赶快找一找,用画笔记录下来,并把标志所表示的意思告诉小伙伴们吧!

▲ **做一做**

小朋友,一个急救电话能拯救一条生命,如何及时正确拨打,快来学学吧!

打急救电话,首先讲什么?

身边有人突发疾病,不少人由于紧张拨打急救电话叫救护车时,常常语无伦次。因此,虽然打了电话,却不能准确地说明情况,常常延误对病人的急救。

请牢记下述报告要领:

报告需要救护的事故、伤病情况。

患者姓名、住址、住址标记(以便寻找)。什么事故、几人受伤或者什么病,什么症状,简单扼要。电话号码说明准确。

如有时间用电话咨询,请教急救处理办法,同时叫救护车立即送往医院。

如果,已给患者做了急救处理,又叫救护车把病人送到医院,便可以初步放心了,但此时,决不能放松警惕,必须要把病人发病时的情况,做过什么处理,以及现在患者的症状,过往病史等向医师做详细报告。医师根据报告找病人,尽早进行相应的治疗。

小朋友,当火灾发生时,千万别慌张,赶快拨打火警电话"119"。小朋友,报警电话不能随便打!如果遇到紧急情况需要报警,一定要注意以下内容。

报警注意要点:

1. 正确了解使用 110 报警电话,明确 110 的职责范围。

2. 打电话时,注意 110 接警员提示的要点,讲明所报警情发生的地点、时间、目前状况。

3. 尽量克服焦躁情绪,吐字清楚。

4. 如实反映事件的实际情况,不夸大,不歪曲。

5. 110 答复马上出警后,在事发现场等候,主动与赶到的民警联系,详细介绍情况。

6. 报警人应积极协助警方开展调查工作。

 任务单

小伙伴们，遇到以下情况应该拨打什么电话呢？打
紧急电话时该说些什么？赶快和小伙伴们交流一下吧！

模块 3：大家去体验

 走一走

上海公安博物馆是国内首座公安专题博物馆。里面设有序馆、公安史馆、刑事侦
查馆、治安馆、交通馆、监狱馆和看守所馆、消防馆、装备馆、英烈馆、警务交流馆和消防
模拟演练馆等 10 多个分馆，记录了 100 多年来的历史沿革以及公安干警在打击犯罪、
保障各项建设、维护社会稳定等各方面的业绩。

博物馆还收藏了从晚清至今公安题材的中外藏品 10 000 余件，其中国家一级文物
49 件。上海公安博物馆是"上海市爱国主义教育基地"。在上海公安博物馆，你可以
看见许多先前没见过也不了解的东西，更能够拓宽我们的知识面。

 任务单

亲爱的小朋友：

参观了上海公安博物馆后，你是不是感受到了公安干警的辛劳？现在就请你也来
学做一个小小交通警，向大家宣传一下交通知识吧！

上海消防总队黄浦支队，是公安消防部队的一个基
层单位。中队连续多年被公安部、公安部消防局、上海
市消防局评为先进基层单位、标兵中队。特别是 1999
年 10 月被国务院、中央军委命名为"模范消防中队"，拥
有着过硬的为民服务本领。这里是消防安全宣传基地，

消防逃生固定绳结打法

每月第一个星期五 9:00 至 16:00 对外开放,主要对来基地参观的广大市民进行爱国主义教育和消防防火、灭火知识的宣传。

▲ **任务单**

亲爱的小朋友:

通过这次参观,你是不是学会了许多消防自救的方法呢? 现在就请你向大家介绍一下吧!

 模块 4：好友来比拼

▲ **比一比**

亲爱的小朋友,你想了解更多的安全知识吗? 下面我们就一起进入"上海市小学生公共安全教育网",参加知识竞赛交流活动吧!

 模块 5：你我乐宣传

▲ **演一演**

小伙伴们,如果遇到火警,你会怎么做? 现在我们就来做一次安全演练吧!

逃生演练要求:

1. 按规定线路疏散。

2. 撤离时所有学生和老师要沉着,听从指挥,服从安排。

3. 撤离时必须保持安静,动作敏捷、规范,严禁推拉、冲撞、拥挤。

4. 到指定位置集合,不离开位置。

▲ **读一读**

请你自编逃生儿歌,向小伙伴们宣传一下逃生方法吧!

(项目负责人：朱黎平)

第 28 件事　点燃自信之灯

　　自信是石,敲亮星星之火;自信是火,点燃熄灭的灯;自信是灯,照亮前行的路;自信是路,引人走向成功。当我们遇到挫折、陷入困境时,不能失去信心,大喊一声:"做最好的自己,我能行!"

第一部分　课程纲要

🔺 课程意图

　　一滴水就是一个海洋,一个孩子就是一个世界。尊重个体的差异,走进他们独特的个性世界,让每一个孩子都能在和谐愉悦的环境中成长、进步。

　　本课程是针对学生在语言表达方面存在障碍和学习注意力分散而设计的个性化课程,课程内容适用于五年级第二学期。本课程试图通过训练改善个体现状存在的问题,架设起一条个性化课程与普通课程的桥梁,帮助他们提升学习的动力,重树自信,为他们能融入普通课程的学习助力。

🔺 学习目标

1. 通过不同形式的训练,提高"说"的能力,促进言语表达能力的发展。
2. 通过不同题型的练习,延长专注的时间,促进注意力集中,提高注意力的专注度。
3. 通过改善并加强肢体运动协调度的训练活动,促进手眼协调能力等均衡发展。

🔺 学程设计

一、点燃"语言"之灯

1. 模仿说

(1)读一读:阅读并初步读懂文章,了解创造性复述的方法;能模仿老师的发音说出教材中的一些重点句型。

（2）说一说：根据文章内容，抓住人物的心理活动、动作、神态等，展开合理想象，并用自己的语言表达出来。

（3）评一评：根据评价内容，从学习兴趣、习惯、成果三个维度进行自评和师评。

2. 概括说

（1）读一读：阅读并初步读懂文章，了解概括文章的方法。

（2）我能说：用学会的方法（摘句法、段意归并法、六要素、课题扩充法）概括短文并完成学习单。

（3）评一评：根据评价内容，从学习兴趣、习惯、成果三个维度进行自评和师评。

3. 感悟说

（1）忆一忆：通过小学各阶段照片的展示，引导学生回顾个人的成长经历，回忆自己印象深刻的事情，抒发对母校热爱、感激、留恋的情感。

（2）说一说：交流自己最喜欢的中国传统节日和西方传统节日；选取恰当、典型的事例表达对老师、同学的感情。

（3）评一评：根据评价内容，从学习兴趣、习惯、成果三个维度进行自评和师评。

4. 看图说

以绘本图片为载体，在相关句型提示下口头表述单幅图、多幅图或绘本材料。

二、点燃"思维"之灯

1. 集中训练学习

找一找：通过快乐游戏，集中训练注意力，提高计算的速度与正确率。

2. 分辨训练学习

辨一辨：运用生活中的具体事例，借助视觉、听觉分辨练习，提高注意力的专注度。

3. 转移训练学习

连一连，练一练，填一填

在学习任务中，提高注意力，提升学习能力。

三、点燃"运动"之灯

1. 肢体协调,平衡能力

(1)走一走:通过走平衡木、双脚踩豆袋行走,锻炼四肢平衡能力。

(2)划一划:通过执笔过障碍图,训练手眼协调能力。

(3)投一投:通过投球击中目标,训练肢体协调能力。

2. 手部操作技能训练

(1)画一画:单手换蜡笔画画,锻炼手部操作技能。

(2)找一找:通过吹球、找吸管等活动,训练手部灵活操作能力。

3. 上肢躯干训练

(1)推一推:通过人力小推车,增强上肢躯干的力量。

(2)跳一跳:通过单脚跳、投硬币跳等活动,进行躯干力量及灵活度的训练。

第二部分 操作手册

"我能行"课程的内容、实施与评价如下表所示:

实施年段	模块	课时安排	实施途径	主要内容	评价方式
五年级(下)	点燃"语言"之灯	16课时	半日活动	通过语言表达训练模仿、概括、看图说、感悟说	自评、师评
	点燃"思维"之灯	16课时		通过数字游戏训练注意力集中、分辨与转移	
	点燃"运动"之灯	15课时	午间活动	通过心理疏导训练肢体协调,平衡能力,手部操作技能训练和上肢躯干训练	

按照上述表格所示,具体操作分成以下三个模块,部分示例展示如下:

模块 1：点燃"语言"之灯

1. 模仿说

借鞋

高个子先生看见这个贫穷的小姑娘眼里溢满了泪水。他叫住了她,脱下自己脚上那双 12 号(相当于中国的 46 号)大的皮鞋放在她面前。"哦,孩子,"他轻轻地说,"我知道你不喜欢它们,它们的确又大又笨。可是,它们却能带你去吃美味的冰淇淋。"他弯下腰帮珍妮穿上大皮鞋,"你快去买冰淇淋吧,好让我的脚凉快凉快。我就坐在这里等你。你走路一定要小心。"珍妮感激得说不出话来：＿＿＿＿＿＿＿＿＿＿＿

＿＿＿＿＿。

当她穿着那双特大号的皮鞋,摇摇晃晃地、一步一步走向冰淇淋柜台时,店堂里突然安静下来。＿＿＿＿＿＿＿＿＿＿＿＿＿＿＿＿＿＿＿

一辈子,珍妮都会记得那位始终不愿意告诉她名字的叔叔,记得他高大的个子,宽大的鞋子,一颗充满爱的心……

一个月后,珍妮在街上又遇到了那位高个子先生。＿＿＿＿＿＿＿＿＿＿＿＿＿

＿＿＿＿＿

▲ 评一评

评价内容	评价维度	评 价 标 准	评价等第		评价方式
			自己评	教师评	
创造性复述	学习兴趣	能认真参与各个环节。	☆☆☆☆☆	☆☆☆☆☆	课堂观察
	学习习惯	能根据要求仔细听,回答问题声音响亮。	☆☆☆☆☆	☆☆☆☆☆	课堂观察
	学业成果	1. 能用创造性复述的方法复述文章。	☆☆☆☆☆	☆☆☆☆☆	作业反馈
		2. 语句通顺,内容想象合理。	☆☆☆☆☆	☆☆☆☆☆	

2. 概括说

▲ 说一说

《山中访友》

（1）文中的"我"访问了哪些山中的朋友？你能在文中圈出来吗？

（2）我访问了这些朋友后心情怎样？

（3）请你把上面两个问题连起来，说说文章主要讲了什么。

▲ 评一评

评价内容	评价维度	评价标准	评价等第		评价方式
			自己评	教师评	
概括课文主要内容	学习兴趣	能认真参与各个环节。	☆☆☆☆☆	☆☆☆☆☆	课堂观察
	学习习惯	能根据要求仔细听，回答问题声音响亮。	☆☆☆☆☆	☆☆☆☆☆	课堂观察
	学业成果	1. 能用课题扩充法概括主要内容。	☆☆☆☆☆	☆☆☆☆☆	作业反馈
		2. 语句通顺，内容简要完整。	☆☆☆☆☆	☆☆☆☆☆	

3. 感悟说

回忆一下在校五年间的学习生活照片吧！

小提示：看着眼前的照片，相信你的脑海中一定浮现出一幕幕令人难忘的画面。与人分享你的故事，除了要把故事发生的时间和地点讲清楚之外，还要把故事内容说具体些。比如故事里有些什么人，在什么情景下干什么，人物的神情、动作怎么样？

▲ 评一评

评价内容	评价维度	评价标准	评价等第		评价方式
			自己评	教师评	
在情境中感悟	学习兴趣	能认真参与各个环节。	☆☆☆☆☆	☆☆☆☆☆	课堂观察

201

续　表

评价内容	评价维度	评 价 标 准	评价等第		评价方式
			自己评	教师评	
	学习习惯	能根据要求仔细听,回答问题声音响亮。	☆☆☆☆☆	☆☆☆☆☆	课堂观察
	学业成果	1. 能运用细节描写方法进行叙述。	☆☆☆☆☆	☆☆☆☆☆	作业反馈
		2. 语句通顺,内容完整。	☆☆☆☆☆	☆☆☆☆☆	

4. 看图说

In the park

Assessment 评价表

任务	要　求	自评	师评
Topic：In the park	看图,与老师进行有意义的交流,对图片进行描述。	☆☆☆	☆☆☆

模块 2:点燃"思维"之灯

找一找

1. 找出有几个个位数是 5 的数并记录下来

381 275 45.1 89.5 037 545 770 31.5 165 109 9.75

225 765 431 5.05 654 876 765 239 745 450 906 817 726

635.12 544 0.544 335 4.55 555

2. 找出有几个十位数是 3 的数并记录下来

13.6 469 068 7.31 74.3 793 735 832 233 930 666 333 5.35

737 123 533 1.13 893 0.33 753 531 975 897 908 453 243 43.5

7.30 536 63.3

辨一辨

图 1、图 2 的中间图中找寻与右图能够合成左边标准的图,并将相同图的号数,从左往右;第一行为 1、2、3、4 再按从上到下的顺序记录下来,要观察仔细哦!

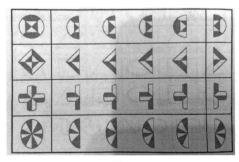

图 1

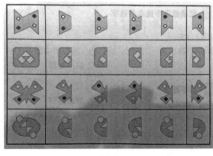

图 2

填一填

过关小招式:小数乘整数,可以通过单位变换或小数点移动,把小数转化成整数,利用整数乘法进行计算！

$3 \times 2.8 = 3 \times \boxed{} \div 10$	$26.4 \times 4 = \boxed{} \times 4 \div 10$	$7 \times 3.1 = 7 \times \boxed{} \div 10$
$6 \times 0.38 = 6 \times \boxed{} \div 100$	$1.03 \times 5 = 103 \times 5 \div \boxed{}$	$2 \times 1.21 = \boxed{} \times 121 \div 100$
$0.007 \times 37 = 7 \times 37 \div \boxed{}$	$6 \times 0.009 = 6 \times \boxed{} \div 1\,000$	$0.015 \times 3 = \boxed{} \times 3 \div 1\,000$
$46 \times 0.02 = 46 \times 2 \div \boxed{}$	$2.05 \times 9 = 205 \times 9 \div \boxed{}$	$17.6 \times 8 = 176 \times 8 \div \boxed{}$
$12.4 \times 3 = \boxed{} \times 3 \div 10$	$7 \times 3.5 = 7 \times \boxed{} \div 10$	$5 \times 1.89 = 5 \times \boxed{} \div 100$
$0.017 \times 21 = \boxed{} \times 21 \div \boxed{}$	$54 \times 1.38 = \boxed{} \times 138 \div \boxed{}$	$0.085 \times 4 = \boxed{} \times 4 \div \boxed{}$

自我评价：（用五星表示满意，三星表示还需努力）

速度快	☆☆☆☆☆
正确率高	☆☆☆☆☆

（项目负责人：沈丽萍）

第 29 件事　认识你我他

　　每当看到你不断伸出的援助之手，都能激起我内心那一盏明亮的灯；每当听到频频传来的温暖问候，都能激荡我胸膛里那一颗温暖的心，这就是——你我他，无论在任何时刻，都充满真善美慧爱，无论在任何时候，都充满仁义礼智信……

第一部分　课程纲要

▲ **课程意图**

当前部分学生缺乏与人进行社会交往的基本技能，难以与人合作，在交往中以自我为中心，少谦让、少宽容，合作意识薄弱，交往意识弱，也缺少交往的方法。

本课程试图帮助学生懂得，只有拥有良好的人际关系，才能获得友谊和爱，获得他人的接纳或赞许，从中体验到自己的存在价值和生活乐趣；同时，通过开展以人际交往为主题的教育活动，致力于提升学生心理健康，培养学生间互相学习、合作共享的习惯，也为学生将来走向社会打下人际交往的基础。

▲ **学习目标**

1. 引导学生之间互相了解和交流，体会到伙伴带来的快乐，能和他人愉快友好地交往，初步学习说"不"的技巧，提高学生人际交往能力和社会适应能力。

2. 通过反思自己的成长经历，了解青春期的变化，进一步认识、接纳自己，从而懂得珍惜自己的生命。

▲ **学程设计**

一、找呀找呀找朋友

1. 议一议：通过图片观察，体会有朋友的感觉真好。

2. 玩一玩：通过游戏《找朋友》，增进同学间的友谊。

3. 说一说：通过交流，体验和朋友在一起的快乐。

4. 写一写：通过送好朋友贺卡，学习与人交往过程中的方法。

二、微笑面对

1. 猜一猜：通过猜字谜，激发学生学习的兴趣。

2. 动一动：通过活动，学习用动作表达心情。

3. 议一议：通过讨论,寻找让自己快乐的方法。

4. 写一写：通过寻找发生在自己身上的事,了解学生的处理方法以及他们的感受。

三、学会说"不"

1. 做一做：通过冥想练习,学会放松心情。

2. 议一议：通过情境讨论,让学生了解故事中不同人物的不同感受。

3. 玩一玩：通过活动,体会被拒绝的心情。

4. 演一演：通过表演,实践学会说"不"的方法。

四、原谅我的小过错

1. 听一听：通过听故事,体会犯错人的心情感受。

2. 演一演：通过历史故事的表演,学会宽容。

五、珍惜生命每一刻

1. 议一议：通过神话故事,了解生命的含义。

2. 填一填：通过资料的收集,了解不同物种不同的生命长度。

3. 说一说：通过护蛋的活动,了解生命的脆弱。

4. 做一做：通过活动,了解生命的意义,从而产生珍惜生命的情感。

六、拥抱青春期

1. 听一听：通过听歌曲,理解青春期的特点。

2. 圈一圈：通过圈身体的隐私部位,了解青春期身体的变化。

3. 讲一讲：通过讲故事,了解荷尔蒙。

4. 辨一辨：通过不同情境下的辨析,学会保护自己。

第二部分　操作手册

"认识你我他"课程的内容、实施与评价如下表所示:

实施 年段	模块	课时 安排	实施 途径	主　要　内　容	评价 方式
二年级 （下）	找呀找呀找朋友	1课时	班会课	体会到伙伴带来的快乐，能和他人愉快友好地交往。	师生交流
三年级	微笑面对	1课时	心理辅导 活动课	了解自己的快乐与烦恼，提升幸福感。	师生交流
	学会说"不"	1课时	心理辅导 活动课	初步学习说"不"的技巧，提高学生人际交往能力和社会适应能力。	师生交流
四年级 （上）	原谅我的小过错	1课时	班会课	初步学会在交往中善待自己和他人的技巧，培养学生学会原谅和宽容。	任务单
五年级	珍惜生命每一刻	1课时	班会课	了解所有的生命都有不同的生命长度；认识到所有生物皆会死亡的事实。	师生交流
	拥抱青春期	1课时	班会课	了解青春期生理的变化。接受变化，悦纳自己。	师生交流

按照上述表格所示，具体操作分成以下六个模块：

 模块1：找呀找呀找朋友

 议一议

同学们，这幅画让你想到了什么？

▲ **玩一玩**

小朋友们，现在我们来做一个有趣的游戏——马兰花。请你们把小耳朵竖起来，仔细听游戏规则。

▲ **说一说**

和好朋友一起做游戏，你心中有什么感受？

▲ **写一写**

请你写上一句此时此刻你对同学最美好的祝愿，并亲手送给他！

▲ **任务单**

让我们一起跳起来！集体舞：找朋友。

🏵 模块2：微笑面对

▲ **猜一猜**

同学们，在我们身上，有一样你看不见、摸不着的东西，这件东西对我们来说，太重要了。

有了它，我们有信心学到更多、更难的知识和本领；

有了它，我们做任何事情都不那么吃力；

有了它，我们脸上充满了笑容，让自己显得更可爱。

猜猜看，是什么这么神奇呢？_____

▲ **动一动**

通过活动，学习用动作表达心情。请你选择以下的一个动作来表达你此时此刻的心情。

不快乐——蹲　快乐——坐　很快乐——站

▲ **议一议**

在一次考试中，你的成绩很不理想，由此，你产生了怎样的想法？心情如何？然后你会采取怎样的行动？

想法	情绪	行动

你是否惊讶地发现：快乐的心情源自积极乐观的想法，它会让你采取主动有效的行为，从而使事情的结果变得美好，让"微笑"重现，洋溢在你的脸上。

▲ **写一写**

你找到走进那扇"快乐大门"的金钥匙了吗？让我们一起"创造快乐"吧！将方法写在下面的"快乐魔术师"一栏中。

请你简要叙述一下发生在你身上的事件_____

我觉得积极的处理方法是_____

现在，选择你的心情

（　　）（　　）（　　）

❖ **模块3：学会说"不"**

▲ **做一做**

轻轻地闭上眼睛，慢慢地吸气，慢慢地呼气，头部放松，身体放松，腿部放松，全身放松……轻轻地睁开眼睛。

▲ **议一议**

小明和同学相约参观自然博物馆，临行前，同学却告知他要去隔壁小孩家玩电脑，不能去博物馆了。

你会怎么做呢？请用"√"表示你的选择。

火冒三丈　　无可奈何　　耐心说服
（　　　）　（　　　）　（　　　）

▲ **玩一玩**

两人对坐，目光对视。双方分别在一分钟内提出多项请求，请对方做某事或借东西，对方则一一拒绝。

学会说"不"

作出判断 → 尊重对方，礼貌拒绝 → 说出理由 → 思考替代方法

▲ **演一演**

面对下列情况，你会怎样处理？

1. 好朋友要抄袭我的作业。

2. 好朋友让我为他圆谎。

3. 放学后，小明约我和同学去游泳。

4. 考试时，小华让王明给他看答案。

 模块 4：原谅我的小过错

▲ **听一听**

听故事《请你继续为我的飞机保养》，你有什么感受？

请你继续为我的飞机保养

一位很出色的飞行员，在一次飞行表演时，飞机发生了故障，情况十分危急。他凭着自己的经验和熟练的操作技能，最后安全着陆了。经检查发现，原来是机械师在给飞机做保养时，误用了其他型号的油，而这种飞机发动机对油的要求特别高，稍有不慎

就有可能酿成大祸。

当飞行员走到他身边,拍着他的肩膀说:"我知道你不会再犯错误了,请你继续为我的飞机进行保养。"

▲ 演一演

请几位同学来表演课本剧《负荆请罪》,了解主人公的宽容和大度。

▲ 任务单

老师这里有一个果篮,果篮的名字叫"学会原谅",在这个篮子里有许多果子,其中有一颗最大的果子是"坦诚相待"。现在,让我们挎上"学会原谅"的果篮,去采摘善待自己或他人的果子,请同学们给符合采摘条件的果子涂上美丽的颜色。(出示桃子树)桃子树上的果子有:

斤斤计较　豁达大度　诚实正直　心平气和　经常抱怨

克制忍让　经常争吵　多听少说　背后指责　开玩笑

◆ 模块 5:珍惜生命每一刻

▲ 议一议

同学们,请听故事:中国童话——《人可以活几岁》

听完故事后,请大家讨论:

(1) 故事中,大神安排万物的寿命,对人类特别照顾,为什么呢? 你对大神的做法有何感想?

(2) 如果当时是你抱着大神给的黑石头与荆棘,你会记得大神的叮咛吗? 你会想要一千年、一万年、甚至十万年的长寿吗?

(3) 对故事中的其他动物所得的寿命,你有怎样的看法?

(4) 你对人类从大神那儿领来的寿命感到满意吗?

▲ **填一填**

你知道各种动物的生命有多长吗？

名称	寿命长度	名称	寿命长度

▲ **说一说**

同学们，让我们一起进行"护蛋行动"！

1. 每个学生准备一个生鸡蛋，给它取一个好听的名字。

2. 除体育课、广播体操或其他剧烈运动时间、睡觉外，平时要时时刻刻把鸡蛋带在身边，让鸡蛋时时刻刻感受到你的体温，感受你在陪伴着它。

3. 在"护蛋行动"中，交流自己的护蛋感受和思考。

4. 如果鸡蛋不小心被打碎了，要写"死亡报告"，并记录鸡蛋打碎时的感受和思考。

▲ **做一做**

当你认识的一个人失去了生命，这意味着你们之间永远不可能回到从前。也许你还有些话没来得及说，例如感谢、抱歉，也许你想让他知道你的计划……如果世界上有这样一面镜子，可以让你重新看见他，你会对他说什么呢？

1. 两把椅子相对而放。其中一把始终空着，代表失去生命的人，在"死者"的对面，还有一把椅子。

2. 请同学扮演各种身份的人轮流坐在"死者"面前，把自己想说的话对着代表"死者"的空椅子说出来。

◈ **模块 6：拥抱青春期**

▲ **听一听**

听歌曲《小小少年》，你的感受怎样？

▲ **圈一圈**

在我们的成长过程中,正在或即将经历哪些生理方面的变化? 将这些变化用笔圈出来。

▲ **讲一讲**

听故事《荷尔蒙夫妇》

每个人的荷尔蒙被吵醒的时间不一样,你的被吵醒了吗? 你有什么发现、经历和感受要跟好朋友分享呢?

▲ **辨一辨**

每当我们遇到以下的问题,我们认为是可以接受,还是不可接受呢? 可以接受的请出示"yes"牌,不可接受的请出示"no"牌。

(1)妈妈亲吻你。

(2)男医生听诊胸部,让你完全敞开上衣。

(3)老师抱住你的腰练倒立。

(4)马路上,我给陌生阿姨指路。

(5)汽车上,陌生的人请你喝饮料。

(6)和异性父母在公共浴室洗澡。

分享交流,并说明自己选择的理由。

(项目负责人:荣艳春)

第六章　人文，品格的涵养

人文是浸润在每个人血脉里的文化基因，它能唤醒我们心底最亲切、最温暖的文化记忆。引导儿童从学校走向社会，历事练心，让他们在生命情感的体验中增长见识、陶冶性情、滋养心灵。

第 30 件事　走进梦想学校

挥挥小手,告别幼儿园;背上书包,跨进小学校门。让老师的大手牵着你的小手,平稳过渡缓冲期,开始一段新的旅程,迈好关键的第一步。在这菁菁校园里,让老师陪伴你,寻找梦想;让老师伴随你,慢慢长大……

第一部分　课程纲要

▲ 课程意图

我校的"走进梦想学校"学习准备期课程,在四周的学习准备期中优化"幼小衔接"内容,整合综合活动与基础型课程,以游戏的方式实施,充分体现联系生活的综合性和通识性,致力于帮助学生平稳度过学习准备期的学习生活。使儿童在心理、思想、行为上实现平稳过渡、尽快适应小学学习生活,促进其身心的健康发展。

▲ 学习目标

1. 能初步适应小学生活,喜欢学校、老师和同学。
2. 能对学习、活动产生兴趣,并在体验过程中不断产生好奇心。
3. 能了解小学生活的基本行为规范,培养良好的学习习惯。

▲ 学程设计

一、活动内容

通过"熟悉新环境"、"了解新规范"、"养成好习惯"、"课余乐淘淘"四个模块开展系列活动,帮助学生适应小学生活,促进身心健康发展。

1. 熟悉新环境

（1）问一问：班主任走进新生家庭，了解学生及其家庭的基本情况，以便有针对性地进行教育。

（2）看一看：利用夏令营，班主任带领新生参观校园，通过儿歌让孩子了解学校一天的学习生活。

（3）认一认：通过《大手牵小手》活动，认识各学科的老师，结识新同学。

2. 了解新规范

（1）唱一唱：通过儿歌、歌曲的形式，帮助学生了解进、离校礼仪，学会礼貌用语；了解办公室礼仪，学习进入办公室的礼貌用语。

（2）排一排：通过体健课、晨会课的学习帮助学生学会按老师的不同要求排队。通过儿歌的形式引导学生课间不奔跑，不吵闹，上下楼靠右走。

（3）试一试：关注学生午餐情况，通过视频、图片帮助学生了解学校午餐用餐的规则，并能遵守。

3. 养成好习惯

（1）说一说：通过语文学习，进行口语强化训练，做到课内外坚持说普通话。鼓励学生倾听与发言，促使他们养成良好的学习习惯。

（2）理一理：帮助指导学生能根据课表认识不同学科的簿本，了解书写要求，了解学习用品的使用方法，学会整理书包。

（3）写一写：利用儿歌帮助学生了解正确的读写姿势，按照老师的要求完成读写任务。

4. 课余乐淘淘

（1）轮一轮：以小组为单位，认领一个小岗位，轮流为大家、为集体服务。

（2）玩一玩：带领学生参加课余活动，引导学生在游戏中遵守规则。

二、活动评价

1. 评价方式

（1）通过肯定、表扬、鼓励来激励学生，使学生获得自信和成功的体验。

（2）随时观察，及时记录学生的情感、态度和行为表现。

（3）学生、家长、老师参与评价，加强家校互动，引导家庭教育。

2. 评价内容（见学习准备期活动评价表）

徽三小一年级学习准备期综合活动评价表

	评 价 内 容	评价方法	学生自评	家长评定	教师评定	总评
熟悉新环境	喜欢上学，乐于参加活动。	问答	☆☆☆☆☆	☆☆☆☆☆	☆☆☆☆☆	
	能向大家介绍自己，能叫出半数以上同学的名字。	问答	☆☆☆☆☆	☆☆☆☆☆	☆☆☆☆☆	
	认识各学科任课老师，能正确称呼老师的名称。	观察问答	☆☆☆☆☆	☆☆☆☆☆	☆☆☆☆☆	
	知道自己所在学校的名称，能独立找到教室、卫生室、茶水处、厕所、音乐圆厅。	观察	☆☆☆☆☆	☆☆☆☆☆	☆☆☆☆☆	
了解新规范	升旗时能肃立，对着国旗行注目礼。	观察	☆☆☆☆☆	☆☆☆☆☆	☆☆☆☆☆	
	进校、在校和离校能主动向老师和同学问好或告别。	观察	☆☆☆☆☆	☆☆☆☆☆	☆☆☆☆☆	
	按时上学不迟到，上课铃响准时进教室。	观察	☆☆☆☆☆	☆☆☆☆☆	☆☆☆☆☆	
	上下楼梯靠右走，不争抢。	观察	☆☆☆☆☆	☆☆☆☆☆	☆☆☆☆☆	
	用餐排队讲文明，吃饭时不与别人交谈，饭后及时清理桌面，放好餐具。	观察展示	☆☆☆☆☆	☆☆☆☆☆	☆☆☆☆☆	
	爱惜粮食，不挑食，不乱倒饭菜。	观察	☆☆☆☆☆	☆☆☆☆☆	☆☆☆☆☆	
	行走路队要整齐，行进时候不讲话。	观察	☆☆☆☆☆	☆☆☆☆☆	☆☆☆☆☆	
养成好习惯	上课认真听讲，能大胆发表自己的想法。	观察展示	☆☆☆☆☆	☆☆☆☆☆	☆☆☆☆☆	
	按时完成作业，达到一定的整洁度，读写姿势正确。	观察展示	☆☆☆☆☆	☆☆☆☆☆	☆☆☆☆☆	

续　表

	评价内容	评价方法	学生自评	家长评定	教师评定	总评
	爱护并保管好学习用品，每节课前准备好相关学习用品。	观察展示	☆☆☆☆☆	☆☆☆☆☆	☆☆☆☆☆	
	放学前能自己整理好书包，不遗漏物品，并按要求把椅子放在规定位置。	展示	☆☆☆☆☆	☆☆☆☆☆	☆☆☆☆☆	
	认真上好每节课，能按照音、体、美等科目老师的要求完成相关任务。	展示	☆☆☆☆☆	☆☆☆☆☆	☆☆☆☆☆	
课余乐淘淘	课间十分钟能文明休息不奔跑，安全游戏不影响别人。	观察	☆☆☆☆☆	☆☆☆☆☆	☆☆☆☆☆	
	爱护学校的各种物品，不乱扔垃圾。	观察	☆☆☆☆☆	☆☆☆☆☆	☆☆☆☆☆	
	微笑待人，会用礼貌用语"请、对不起、谢谢、没关系"等。	观察	☆☆☆☆☆	☆☆☆☆☆	☆☆☆☆☆	
	积极参加盘盘大转和快乐阳光活动，能遵守活动规则。	观察	☆☆☆☆☆	☆☆☆☆☆	☆☆☆☆☆	

第二部分　操作手册

　　学习准备期课程分为两部分，即基础型课程部分和"梦想起航综合活动"课程部分，安排在一年级新生入学的第一个月。基础型课程各学科的学习准备期按照市教委规定的课时量排入学校总课程。综合活动课程的学习准备期课程内容将穿插在基础型课程各学科中同时进行，由各科教师共同承担。

　　"走进梦想学校"课程的内容、实施与评价如下表所示：

实施年段	模块	课时安排	实施途径	主要内容	评价方式
一年级	熟悉新环境		欢迎来我家	走进新生家庭	《不一样的家访》	徽三小一年级学习准备期综合活动评价表
		漫步新校园	3课时	1. 新生夏令营 参观校园、专用教室和学校设施 2. 学校的一天	《梦想校园小导游》	
		认认新老师	3课时	语文：老师 音乐：介绍音乐老师开场 道法：开开心心上学去	《大手牵小手》	
		交交新朋友	4课时	道法：拉拉手，交朋友 美术：我的好朋友 英语：My friend 体育：感受愉快课堂气氛和同伴合作的能力	《可爱的伙伴》	
	了解新规范	问问好，学礼仪	3课时	英语：Greetings 数学：说一说 自然：美丽的校园	《我是懂礼貌的好孩子》	
		学校里，有规范	2课时	美术：走进新教室 语文：学校		
		排排队，走走路	1课时	体育：培养良好的生活习惯和正确的行走姿势	《我是讲文明的好孩子》	
		大家来用餐	午间	班主任、搭班老师午间管理	《我是爱惜粮食的好孩子》	
	养成好习惯	听一听，说一说	2课时	语文：我们做朋友 自然：不同的人	《心中的小小梦》	
		认一认，理一理	2课时	数学：数一数 英语：My bag	《书包里的小秘密》	
		读一读，写一写	3课时	语文：天地人 语文：我爱学语文 音乐：玩—学着做	《课堂里的小镜头》	
	课余乐淘淘	我的小岗位	1课时	班主任：晨会课	《我有一个小岗位》	
		课间十分钟	2课时	语文：我说你做 体育：学会在体育锻炼中安全进行游戏和培养自我保护能力	《快乐安全十分钟》	

按照上述表格所示,具体操作分成以下四个模块:

模块 1：熟悉新环境

问一问：欢迎来我家

"学习准备期"三联章

友情提示

通知
＿＿＿＿＿小朋友家长： 　　欢迎您的孩子成为徽三小一（　　　）班的学生。 　　现将新生来校时间作以下告知：

> 1. 8月＿＿日（周＿＿）下午 1:00～3:00 学生来校参加新生夏令营,佩戴好由班主任下发的标牌,带好书包、水杯(瓶)和餐巾纸,作好 1 分钟左右自我介绍的准备。
>
> 2. 8月＿＿日（周＿＿）晚上 6:00～8:00 召开一年级新生家长会,请家长届时准时出席,并领取新书(带好装书的袋子)。
>
> 3. 学校总机：63771324
>
> 温馨提示：
>
> - 家长会时请家长带好纸和笔
> - 家长会时不带孩子来校
>
> 徽三小一年级组
>
> 年月日

家访小妙招

家访前,先通过新生资料,对学生的信息做初步了解,比如：学生的年龄,他们的老家在哪,是不是独生子女,家长的工作情况,有没有什么兴趣和爱好,家庭住址等等。

家访时,请家长介绍孩子的性格、兴趣、家中的表现等,认真听取家长对学校教育的期望；针对孩子的个性特点向家长提出合理性的建议,并介绍一些心理学、教育学的基本知识,共同商讨解决孩子存在的问题。

▲ 看一看

小朋友,来到新学校,你一定很好奇吧？现在就让老师带着你走一走,逛一逛,参观一下新环境吧……

▲ 认一认

小朋友,拿出你的课本,认识一下有哪些学科,上这些课的老师都分别是谁呢？先听着老师的介绍认一认,然后试着说说看："这是 ＊＊老师,他/她是 ＊＊学科的老师。

我爱我的老师!"

🔺 **说一说**

小朋友,来到新的集体里,发现自己身边有很多新朋友吧? 想不想在新集体里交个好朋友呢?

一段自我介绍:

我叫……我……岁,属……,我来自……幼儿园,我现在是徽三小一年级(　　)班的小学生。我最喜欢做的事是……我最喜欢吃……我想跟大家成为好朋友。

一声英语问候:

一副撕纸画:

用下面的句子来说一说:

这是我认识的新朋友,他/她的名字叫……我们一起……

模块 2：了解新规范

 说一说

Hi!

Hello!

Good morning，Miss Li.

Good morning，Mike.

我们还可以在课堂中学习更多的礼貌用语：

我错了，请您原谅

请您多关照

早上好

对不起

没关系

老师，我帮您开门！

 读一读

学校里，有规范

1. 叮铃铃，上课了，书放桌角，人坐正，认真上课我最棒。发言先举手，声音要响亮。一句一句讲，要讲普通话。

2. 上课铃声响，快快进课堂；起立要站直，身体不摇晃；小手摆摆好，耳朵仔细听；发言先举手，提问应大胆；动手又动脑，作业效果好；桌面无纸屑，养成好习惯。

3. 小小约定：上学不迟到，举止要文明，纪律要遵守，上课要认真，卫生要保持，作业要按时。

4. 不随地乱扔垃圾，见到纸屑、垃圾主动拾捡。

5. 轻声慢步，不追逐打闹，不大声喧哗。

6. 上下楼梯，右行礼让。

7. 见到老师、客人、同学，要主动问好。（鼓励使用英语）

8. 打饭不拥挤，吃饭不说话，不浪费粮食，保持桌子干净整洁。

9. 我爱看书：我在图书角，不吵也不闹。桌子坐端正，安静来看书。爱书不撕扯，看完还原处。

10. 借东西：向人借东西，客气礼在前。使用须小心，用后及时还。小心不破坏，自觉不隐瞒。

▲ 做一做

> 排排队，走走路
> 站路队，快静齐
> 走起路来真神气
> 挺胸抬头甩开臂
> 整整齐齐回家去

▲ 做一做

大家来用餐

进餐礼仪歌

要做文明好宝宝,就餐礼仪不能少。筷子勺子不乱敲,讲话嬉笑就不好。不挑食也不剩饭,细嚼慢咽肠胃好。餐后收拾少不了,比比谁是好宝宝。

模块3：养成好习惯

▲ **说一说**

要发言,先举手,老师叫我再开口。不插嘴,不乱叫,说话流畅声响亮。

▲ **理一理**

我按课表把书进行排队！	我按书、作业本进行排队！

▲ **写一写**

> A book, a pencil.
>
> I can see.
>
> A book, a pencil.
>
> For you and me.

读书口令：

师：读书时；　生：脚放平。

师：头不歪来；生：身要直。

师：双手捧书；生：稍倾斜。

师：眼睛离书；生：有一尺。

写字口令：

师：写字时；　生：脚放平。

师：头不歪来；生：身要直。

师：手离笔尖；生：两指头。

师：胸离桌沿；生：一拳头。

眼离书本是一尺

两臂平放在桌面

手离笔尖是一寸

胸离桌子是一拳

 模块4：课余乐淘淘

 做一做

我的小岗位

小岗位	任务和要求
班级小门卫	每天早晨打开固定好教室前、后门,离开教室和放学及时锁门。
节能小能手	每天负责教室电灯、电扇的开和关;阴雨天气及时开灯,光线好时及时关灯。
地面监督员	每天检查教室环境卫生,保持教室内的地面整洁,随时将纸屑杂物等拾起,放进垃圾桶内;提醒同学们不乱扔纸屑、杂物、手工课后及时清理好桌面,将废纸投入垃圾篓。
绿化小天使	每周一和周四中午浇花一次。
午餐管理员	午餐前检查同学摆放好餐具和餐垫,餐后检查桌面没有饭粒。
桌椅小管家	负责教室内桌椅摆放,可见及时调整桌椅,随时保持桌椅整齐;放学后负责把桌椅摆放整齐。
卫生角小主人	每天保持卫生角的整洁,卫生工具摆放整齐,及时清洁纸篓。
黑板美容师	课间及时清洁黑板;每天课后用干抹布擦拭。

续　表

小岗位	任务和要求
课务小帮手	为老师分发作业本，随时整理保持作业架的摆放整齐。
图书借阅员	午休时间为同学们借阅书籍，每天保持图书架上的书籍摆放整齐。

岗位责任星

星级	达标要求
☆	能完成岗位工作，但有时需要督促和提醒
☆☆	能主动按时上岗
☆☆☆	岗位工作认真有质量，天天坚持。
☆☆☆☆	学会和同学合作，具有一定的服务精神。
☆☆☆☆☆	遇到的问题和困难能合理的解决，工作讲方法，有成效。

▲ 玩一玩

课间十分钟

下课起立师先行，用品提前准备好。

上下楼梯右侧行，讲话走路都要轻。

环境卫生保持好，室外游戏讲文明。

课间休息有交际，楼道右行守秩序；

爱护公物与花木，勤察保洁卫生区；

游戏活动有谦让，关爱他人讲友谊。

（项目负责人：黄玉琪）

第 31 件事　做个快乐的"小吃货"

我们穿行在大街小巷，寻觅心中"家乡的味道"：丰富的美食吸引了我们的目光，四溢的香味激活了我们的味蕾，美食背后的故事开启了我们的美食文化之旅，美食DIY激发了我们的创作灵感……我们在找，我们想说，我们在尝，我们想做，一起做一个快乐的"小吃货"。

第一部分　课程纲要

▲ 课程意图

民以食为天，每个孩子都会有吃遍天下美食的梦想。但是在享受大人提供的美食带来的味觉冲击之余，有多少孩子会去主动探寻传统美食、了解它们的来历、发掘美食背后的动人故事、表达对饮食文化的兴趣、传承饮食的传统和习俗？

为了更好地引领孩子的"美食梦"，本课程试图引导孩子"找美食"、"说美食"、"尝美食"、"做美食"，在实践体验过程中了解地方饮食文化，激发对居住城市和家乡的热爱，培养才能，增进亲情，让"美食梦"的实现过程变得更有意义。

▲ 学习目标

1. 了解上海特色小吃，激发对居住城市和家乡的热爱和探究中国饮食文化的兴趣，增进亲子感情。

2. 培养收集和处理信息、合作沟通、动手实践的能力。

▲ 学程设计

一、特色小吃我寻觅

1. 认一认：认识了解上海人餐桌上的十大特色名点心。

2. 查一查：调查自己喜欢的小吃，通过网络、报纸杂志，采访长辈等渠道收集一、二种上海特色小吃的相关资料。

3. 填一填：和家长合作，制作一份注有"名称"、"照片"、"特色"、"由来"、"价格"、"代表商家"、"体验地点"、"推荐人"等信息的美食攻略，并汇集制作成一本《上海特色小吃攻略》。

二、特色小吃我来说

说一说：分享"小吃攻略"举行主题班会，展示上海特色小吃攻略，介绍美食，欣赏美图，朗诵诗歌，讲述动人传说。

三、特色小吃我品尝

1. 尝一尝：从《上海特色小吃攻略》中选择几种自己喜欢的上海小吃，双休日和爸爸、妈妈、爷爷、奶奶一起去寻访名店，品尝美食；

2. 填一填：设计"小吃攻略"用文字写下小吃体验的感受，用照片记录下家人品尝美食的温馨、美好的瞬间。

3. 说一说：分享品尝小吃的体验。

4. 评一评：评价学生活动中的表现。

四、特色小吃我来做

做一做：学做"汤团"、"春卷"、"糯米糍"等有文化底蕴的上海特色小吃。

第二部分　操作手册

"做个快乐的'小吃货'"课程的内容、实施与评价如下表所示：

实施年段	模块	课时安排	实施途径	主要内容		评价方式
二年级（下）	特色小吃我寻觅	1课时	探究课	特色小吃我了解	认识了解上海十大特色小吃	任务单
				特色小吃我寻觅	调查自己喜欢的小吃	

续 表

实施 年段	模块	课时 安排	实施 途径	主要内容		评价 方式
		1课时	亲子 活动	"小吃攻略"我 设计	设计"小吃攻略"	家长评
	特色小吃我来说	1课时	探究课	"小吃攻略"我 分享	分享"小吃攻略"	自评 互评
	特色小吃我品尝	2课时	亲子 活动	特色小吃我来尝	亲子互动,品尝美食, 记录美好瞬间	任务 单
		1课时	探究课	小吃体验我来说	分享品尝小吃的体 验,评价活动中的表 现	自评 互评
	特色小吃我来做	6课时	拓展课	特色小吃我来做	学做特色小吃	量食 作品

按照上述表格所示,具体操作分成以下四个模块:

 模块1：特色小吃我寻觅

▲ 认一认

小朋友,上海的特色小点心以清淡、鲜美、香甜、可口著称,下面这些上海小吃你品尝过吗? 哪些是你喜欢的?

上海的十大特色名点心

城隍庙葱油拌面　春风松月楼素菜包　南翔小笼　乔家栅擂沙圆　鲜得来排骨年糕

王家沙生煎馒头　沈大成油汆馒头　小绍兴鸡粥　上海五味斋糟田螺　吴宛饼家蟹壳黄

▲ **查一查**

上海的大街小巷，特色小吃无处不在。你有哪些了解上海小吃的好方法？

采访他人   翻阅资料

上网查询   实地考察

▲ **填一填**

选一种感兴趣的上海小吃，利用查到的信息，和爸爸、妈妈一起设计一份"小吃攻略"吧！

上海特色小吃——			
美照		特色	
		由来	
		价格	
		代表商家	
		体验地点	
		推荐人	

模块2:特色小吃我来说

▲ 说一说

让我们一起分享"小吃攻略"吧!让大家了解更多的上海特色小吃。

模块3:特色小吃我来尝

▲ 尝一尝

节假日到了,和家人一起寻访名店,尝一尝自己喜欢的特色小吃吧!

▲ 填一填

小朋友,品尝小吃的时候,可别忘了写下小吃体验的感受,拍下品尝小吃时温馨、美好的瞬间。

我最爱的上海小吃——			
小吃美图		欢乐瞬间	
喜欢的理由			

▲ 说一说

小朋友,把你品尝小吃的感受和欢乐瞬间和伙伴们分享一下吧……

▲ 评一评

说说自己眼中的"我",看看伙伴眼中的"我"……

评 价 内 容	自己眼中的"我"			伙伴眼中的"我"		
	好	较好	需努力	好	较好	需努力
1. 能用多种方法了解自己喜欢的小吃。						
2. 能按照"小吃攻略"完成小吃体验过程。						
3. 能大胆、自信地和伙伴分享自己的"小吃攻略"和"小吃体验"。						
4. 能和爸爸、妈妈合作完成任务单。						

 模块4：特色小吃我来做

 做一做

同学们,跟家人一起学做特色小吃吧!

美食文化——春卷

春卷,上海小吃,又称春饼、薄饼,是汉族民间节日的传统食品。

每逢农历元旦和立春日,合家团聚,饮春茶,吃春饼,贺新年,这种习俗由来已久。

春卷是一种油炸食品,具有外皮酥脆、馅心软嫩、颜色金黄、鲜香美味等特点。

原料：五花肉、虾、黑木耳、胡萝卜、鸡蛋、芋头、粉丝

制作步骤：

1. 将虾和肉剁成泥,芋头切丁,胡萝卜刨成细丝,木耳、粉丝切碎放入盘中。

2. 将原料加工好混合在一起，加入生抽、鸡精、盐、生鸡蛋，拌匀成馅料备用。

3. 将一大勺馅料放在春卷皮上慢慢卷，卷到三分之一处，把两边的春卷皮折进去继续卷，卷成圆筒状。

4. 油七成热放入春卷，小火慢慢炸至馅熟透，再用稍大火炸至金黄装盆即可。

（项目负责人：朱惠芳）

第 32 件事　学泡一道中国茶

茗茶悠远，澄澈宁静。手边一杯清茶，片片嫩叶，轻盈地飘散开来。杯中的茶水缓缓流动，浅浅的芬芳，扑面而来，让人满怀温馨。此时，安静地品茗，仿佛化身茶圣陆羽，让身边的嘈杂烦恼随波而去，乐享幽静的时光。

第一部分　课程纲要

课程意图

中华茶文化源远流长，少儿茶艺是茶文化历史长河中一条清亮的小溪。随着茶饮的普及与扩展，校园少儿茶艺活动正如火如荼地开展，不断地滋养丰富着学生的心灵，并以其独特的审美情趣与鲜明的个性特点，成为上海茶文化中一道靓丽的风景线。

"学泡一道中国茶"少儿茶艺微课程通过丰富的板块设计让学生了解中国茶文化的历史和逸闻趣事，认识茶的分类及周边知识，培养学生的动手操作能力，同时将茶文化传统礼仪和现代礼节相结合，在潜移默化间陶冶学生情操，提升学生修养，进而让古老而又现代的中华茶文化得到有力的传承。

▲ **学习目标**

1. 观看视频，知道茶的发源地，了解六大茶类的基本知识。

2. 动手操作，学会基本茶类和调和茶的冲泡。

▲ **学程设计**

一、悠久文化我来认

1. 学一学：观看视频，了解茶的发源地、茶的历史。认知中国是最早利用茶、饮用茶的国家，被全世界称为"茶的故乡"。

2. 分一分：在教师介绍下，认识茶叶的分类。观看茶样，根据茶叶颜色，尝试区分六大基本茶类。

3. 评一评：学生自评。

二、身边茶饮我来找

1. 尝一尝：找一找，品一品了解我们身边的各种茶饮料。

2. 写一写：和家长一起去超市或商店，找一找里面有哪些和"茶"有关的商品，并写下调查日记。

3. 做一做：用茶叶包装袋和各种废弃的茶叶罐制作各种有趣的小物品。

三、美美茶儿我来泡

1. 看一看：欣赏茶艺队员的茶艺表演，了解不同的茶要用不同的茶具和冲泡方法。领略茶艺的魅力，在欣赏中学习茶礼。

2. 做一做：自己动手冲泡一道中国茶，在冲泡中练习茶艺冲泡的基本技术。学习茶艺基本礼仪，领略中华传统文化魅力。

3. 评一评：根据奶茶的颜色和味道来进行自评。

第二部分　操作手册

"学泡一道中国茶"课程内容、实施与评价如下表所示：

实施 年段	模块	课时 安排	实施途径	主 要 内 容	评价 方式	实施 时段
三年级 下	悠久文化 我来认	1课时	晨会课	知道中国是世界茶文化的发源地	媒体介绍	第5周
		1课时	班会课	在观察中认识不同品种的茶	制作PPT	第5周
	身边茶饮 我来找	2课时	亲子	品饮各种茶饮料,区别不同茶的 味道	交流评选	第5周
		1课时	班会课	废物利用,动手制作茶叶罐	作品展示	第6周
	美美茶儿 我来泡	1课时	活动课	欣赏茶艺队员冲泡绿茶和花茶,感 受不同的茶艺之美	参观展示	第6周
		1课时	艺术节	人人动手冲泡快乐红茶	动手冲泡	第6周
		1课时	微信上传	制作茶艺小报	报道	第7周

按照上述表格所示,具体操作分成以下三个模块:

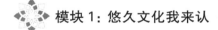 模块1: 悠久文化我来认

🔺 学一学

同学们,你们知道吗? 中国是最早利用茶、饮用茶的国家,至今有5 000多年的历史,被全世界称为"茶的故乡"。

中国的西南地区是茶的原产地,那儿属热带和亚热带气候,生长着大片大片的原始森林。温暖、湿润的气候非常适宜茶树的生长。还有许多参天的野生大茶树生长在那里,树龄最高的达2 700多年。

茶树王

我住在中国云南哀牢山的原始森林中,我已经活了2 700多年,是最古老的茶树。我身高超过20米,树干要三五个人才能环抱过来,大家称我"茶树王"。

神农与茶

传说神农有一个水晶般透明的肚子,他吃下什么东西,人们都可以看得清清楚楚。那时候的人,吃东西都是生吞活剥的,因此经常闹病。神农为了解除人们的疾苦,就把

看到的植物都尝试了一遍,看看这些植物在肚子里的变化,判断哪些无毒,哪些有毒。当他尝到一种开白花的常绿树嫩叶时,就发现一个神奇的现象:这种绿叶在肚子里从上到下,从下到上到处流动洗涤,好似在检查什么,于是他就把这种绿叶称为:"查"。以后人们就把"查"叫成"茶"。

▲ **任务单**

1. 茶的故乡在(　　　)。茶树喜欢(　　　)的地方。野生茶树最高的年龄有(　　　)年。

2. 传说最早发现茶的是(　　　),茶最早是作为(　　　)。以茶代酒是(　　　)第一次用的。最早把茶传入日本的是(　　　)。

3. 写下你眼中的中国茶:＿＿＿＿＿＿＿＿＿＿＿＿＿＿＿＿＿＿＿＿＿

▲ **分一分**

基本茶类

茶叶的家族很庞大,它的分类方法有很多,主要的方法是:按茶的颜色分、按茶叶的发酵程度分、按采茶的季节不同分等。

按茶的颜色分类,我们可以将茶叶归纳为六大类,即:绿茶、黄茶、白茶、青茶、黑茶和红茶。绿茶茶多酚氧化程度最轻,所以含量最高,黑茶茶多酚氧化程度最严重,所以含量最低。这六大茶类又被称为基本茶类。

再加工茶类

把基本茶进行再加工产生的茶,就叫再加工茶类。

再加工茶类也可分六大类,即花茶、紧压茶、萃取茶、果味茶、药用保健茶和含茶饮料。

▲ **任务单**

同学们,把找到的茶叶名字填到以下表格中。

福鼎白茶、祁门红茶、黄山毛峰、君山银针、武夷岩茶、普洱茶

茶叶种类	茶 名
绿茶	
红茶	
青茶	
白茶	
黄茶	
黑茶	

▲ 评一评

同学们,请根据自己的情况涂上小星星!

	自评	小组评
说出六大基本茶类	☆☆☆☆	☆☆☆☆
说出六种再加工茶类	☆☆☆☆	☆☆☆☆

模块2:身边茶饮我来找

▲ 尝一尝

茶饮料是指以茶叶的萃取液、茶粉、浓缩液为主要原料加工而成的饮料,它具有茶叶独特的风味,是清凉解渴的多功能饮品。

茶叶中含有多种有益于人体健康的成分,现在茶饮料越来越多。找一找,品一品了解我们身边的各种茶饮料。

▲ 写一写

和家长一起去超市或商店,找一找里面有哪些和"茶"有关的商品?

物品名称	是什么类型的东西

我的调查小日记，涂涂笑脸。

 做一做

茶叶罐制作

茶叶包装是指用来包装不同茶叶的盒子或袋子，一个经过巧妙设计和生产的茶叶包装常常让茶叶的身价提高数倍。它的材质有很多种。我们可以用茶叶包装袋和各种废弃的茶叶罐制作各种有趣的小物品。

茶叶罐可以制作哪些小工艺品呢？

作品名称：_____

制作过程：_____

作品展示：（略）

模块3：美美茶儿我来泡

▲ **看一看**

优美的茶艺

绿茶中有许多名茶，龙井茶是十大名茶之首。冲泡龙井茶要用透明无花的玻璃杯，这样就能更好地观赏碧绿的茶汤、细嫩的叶瓣，和茶叶在水中的姿态了。

龙井茶冲泡步骤：

    备具   烫杯   置茶   浸润   冲泡

▲ **任务单**

（1）绿茶是我国生产量（　　　）的茶类。名优绿茶有（　　　）、（　　　）、（　　　）、（　　　）。

（2）冲泡绿茶应该选用的茶具是（　　　）。

▲ **做一做**

快乐红茶

  喝茶是一件很随意很快乐的事,尤其在喝红茶的时候,人们可以依据自己的心情,以红茶为主料,再加入香花、果干、药材,蜂蜜或糖,冲泡出一杯口味绝佳的红茶饮品。

柠檬红茶   玫瑰蜂蜜茶

主料:红茶包 2 包   主料:红茶包 2 包

配料:新鲜柠檬片 2 片、方糖 1 颗 配料:玫瑰花 1—3 朵、蜂蜜若干

小朋友最喜欢喝奶茶,我们可以自己来学着冲泡。

奶茶

主料:红茶包 2 包   茶具:乐扣杯

配料:牛奶小半杯、方糖 1—2 块

步骤:

烫杯→倒水→置茶包→润茶包→取茶包→投入配料→再润茶包

▲ **评一评**

我会泡奶茶。

味道	☆☆☆☆☆
颜色	☆☆☆☆☆

（项目负责人：杨艳）

第 33 件事　我的节日我做主

我的节日我做主，只要你敢想、敢做、敢担当，一切就会变得那么简单，在体验节日活动之余，还能享受那份真实的成就感。过一个属于我们自己的节日，搞一次属于我们自己的活动，发挥你的才能，用你的创意，做出让大家都喜欢的活动吧！我的节日我做主，千万不要忘了邀请老师和爸爸妈妈做嘉宾哦！

第一部分　课程纲要

▲ 课程意图

"我的节日我做主"课程设计以班级活动为依托，围绕学生喜爱、意义明确、切实可行三要素，通过小组合作的形式组织学生进行资料收集、归类、筛选的工作，帮助学生了解各个节日创建的意义后，再通过设计一份自己喜爱并切实可行的活动方案，致力于凸显学生的主体地位，培养学生的选择，判断、决策能力，提升学生的合作交往能力，从而激发学生的民族意识、主动意识和创造意识。

▲ 学习目标

1. 通过收集和筛选传统节日，对传统节日的文化内涵有进一步的了解，学会设计活动方案，锻炼同学之间合作交往能力。

2. 通过积极参加节日活动方案的设计和评选，培养选择性意识，勇于表达自己的观点和感受。

▲ 学程设计

一、我的节日我来找

1. 搜一搜：各小队收集梳理节日并了解节日背后的故事。

2. 选一选：填写自己了解到的节日，确定一个自己最感兴趣的节日。

二、我的节日我来搞

1. 说一说：小队成员每人制作一份节日小报，把自己最感兴趣的节日介绍给大家。

2. 做一做：小队共同确定一个节日，并设计一份"我的节日我做主"的活动方案。

3. 做一做：假期中各小队开展"我的节日我做主"的主题活动。

4. 写一写：各小队在活动后写下自己的活动感受，并制作成小报展示。

三、我的节日我来秀

秀一秀：召开"我的节日我做主"总结交流会。

第二部分　操作手册

"我的节日我做主"课程的内容、实施与评价如下表所示：

实施年段	模块	课时安排	实施途径	主要内容	评价方式	实施时段	执教者
四年级（下）	我的节日我来找	1 课时	探究课	搜一搜：各小队收集梳理节日并了解节日背后的故事。	调查报告	第 8 周	探究老师
		1 课时		选一选：填写自己了解到的节日，确定一个自己最感兴趣的节日。		第 9 周	探究老师

续　表

实施年段	模块	课时安排	实施途径	主　要　内　容	评价方式	实施时段	执教者
我的节日我来搞		1课时	专题教育/班团队活动	说一说：制作一份节日小报，把自己最感兴趣的节日介绍给大家。	教师评价	第10周	班主任
				议一议：组成合作小组，选择一项传统节日制定方案。		第11周	班主任
				搞一搞：按制定的方案开展"我的节日我做主"。		第12—17周	家长
				写一写：写下自己的活动感受，并制作成小报展示。		18周	班主任
我的节日我来秀		1课时	专题教育/班团队活动	和伙伴分工合作展示PPT、交流感受、展示制作的小报	作品展示	第19周	班主任

按照上述表格所示，具体操作分成以下三个模块：

模块1：我的节日我来找

搜一搜

你知道哪些节日呢？通过网络、报刊、杂志、书籍、电视等途径了解世界各国的传统节日吧！

选一选

阅读已经收集的资料，填写自己感兴趣的节日吧！

节日的名称	节日的来历	兴趣指数
		☆☆☆☆☆

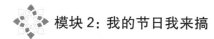

模块 2：我的节日我来搞

　　以小队为单位，参加中队发起的"我的活动我做主"活动，以提案的方式向中队辅导员表达队员们希望过哪个节日。

▲ **说一说**

　　请你把收集的内容制作一份节日小报，把自己最感兴趣的传统文化节日介绍给大家。

▲ **做一做**

　　节日确定后，赶快和队员们参与讨论、共同商量，设计出一份"我的节日我做主"的活动方案吧！

"我的节日我做主"活动方案

选定的传统节日：_____

活动准备：_____

过程：_____

▲ **做一做**

　　和小队成员商量、合作，按选定的活动方案开展"我的节日我做主"活动。

　　活动前做好充分准备，过程中如果遇到困难，可以向班主任或家长求助。

　　假期中分成五小队开展"我的节日我做主"的主题活动。

▲ **写一写**

　　各小队在活动后写下自己的活动感受，并制作成小报展示。

模块 3：我的活动我来秀

▲ **秀一秀**

召开"我的节日我做主"班会活动。

（1）各小队队长讲述活动方案。

（2）PPT 展示活动过程。

（3）各队员分享活动感想。

（4）感受节日的传统文化。

精彩瞬间：_____

评 价 内 容	自己眼中的"我"			伙伴眼中的"我"		
	好	较好	需努力	好	较好	需努力
1. 能收集传统节日并了解节日背后的故事。						
2. 能在滋养感受传统文化节日后，展示自己制作的传统节日小报。						
3. 能积极参与讨论设计"我的节日我做主"活动方案。						
4. 能与小组成员合作开展"我的节日我做主"的活动。						
5. 能和伙伴们一起自信地走上讲台，分工合作展示 PPT、交流感受。						

（项目负责人：程佳玲）

第 34 件事 "触摸"老城厢

　　隐匿在旧墙老屋间的古迹、独特的民居建筑及醇厚的江南市井文化，被誉为上海这座历史文化名城的"魂灵"和"瑰宝"。而被称为"上海之根"的老城厢，则集中展现着这份无价的物质和精神财富。如今，你仍可徜徉其中，从一砖一瓦开始，细细品味历史的印记。

第一部分　课程纲要

▲ 课程意图

　　黄浦区是全市 15 个行政区划中面积最小的，但作为中心城区，黄浦区的每一寸土地上，都留有宝贵的历史印记。

　　身处黄浦江畔的徽三学子借助"触摸老城厢"校本课程，亲近身边正在消逝的弄堂，亲近上海的本土文化。沿着历史的足迹，走访古建筑，了解自己的家乡，感受时代的变迁，上海的发展。

▲ 学习目标

1. 通过实践活动，培养收集资料、参观记录、合作沟通和汇报交流的能力。

2. 通过参观"大境阁"和"三山会馆"，知道老城厢的来历和变迁，感受城市的发展脉络。

▲ 学程设计

一、记忆中的老城厢

1. 了解黄浦区的地理位置和区名的来历。

2. 通过上网，咨询长辈等方式，调查区内有哪些历史建筑。

3. 小组分工合作，实地走访，了解相关历史建筑，确定社会实践地点：大境阁和三山会馆。

4. 年级组根据学生收集的资料启动社会实践活动,下发任务单,提出参观要求。

二、眼中的老城厢

1. 在班主任带领下,分组实地参观大境阁、三山会馆。

2. 要求:用眼观察,用耳聆听,用手触摸,用笔记录,用心感受。

三、心中的老城厢

1. 举行中队主题班会。

2. 展示社会实践活动中所搜集的图片,介绍参观老城厢后的感想,朗诵诗歌,讲述老城厢的故事。

四、触摸老城厢

1. 参观"大境阁"、"三山会馆"后,自由选择区内其他历史建筑,双休日与家人一起走访。

2. 用相机记录下眼中的古建筑,用文字写下对古建筑的感受,做成小报。

3. 组长收集资料上传微信公众号,让更多学生感受老城厢的美。

第二部分　操作手册

"触摸老城厢"课程内容、实施与评价如下表所示:

实施年段	模块	课时安排	实施途径	主要内容	评价方式	实施时段	执教者
四年级(下)	《记忆中的老城厢》	1课时	班会课	了解三山会馆、大境阁。布置任务。	/	第9周	年级组长
		1课时	上网、访问	1. 上网查询老城厢资料。2. 访问爷爷、奶奶,了解老城厢的历史。	制作PPT学生互评	第9周	班主任家长
		0.5课时	晨会课	分小组交流资料。提出参观的要求。	评选最佳交流小组	第10周	班主任

续　表

实施 年段	模块	课时 安排	实施 途径	主要内容	评价方式	实施 时段	执教者
	《眼中的 老城厢》	3 课时	参观大境 阁、三山 会馆	1. 参观三山会馆、大境 阁。 2. 做好笔记。	参观 做笔记	第 9 周	班主任
	《心中的 老城厢》	1 课时	活动交流 反馈、小 报制作	分小组交流 制作小报	制作小报 展示交流	第 10 周	班主任
	《触摸 老城厢》		微信上传	照片、小报	展示	第 11 周	班主任

按照上述表格所示，具体操作分成以下四个模块：

❖ 模块 1：记忆中的老城厢

▲ 认一认

小朋友，你们知道黄浦区区名的来源吗？你了解大境阁和三山会馆吗？让我们一起去了解这些古建筑吧！

大境阁

大境阁是位于上海老城厢人民路与大境路口的一处沪上胜景，这里有一段目前非常罕见的长近 50 米的古城墙。

上海自元代建县后，未筑城墙，明代时多次遭到倭寇侵略。在明嘉靖三十二年（1553 年）用 3 个月时间赶筑了一座周长 9 华里，高 2.4 丈的城墙。明嘉靖三十六年（1557 年），又增筑敌楼和箭台。

"大境阁"建在大境箭台上，是一座结构精巧、造型别致的抱厦式三层楼阁。清代后期，上海经济迅速发展，古城楼已成了阻碍城内外交通、影响经济发展的障碍，遂于 1912 年 7 月先拆南半城，再拆北半城。有人请求保留大境阁，才使这段城墙和大境阁保留下来。

三山会馆

三山会馆由福建旅沪水果商人于 1909 年集资兴建,1914 年竣工。原建筑位于半淞园路 239 弄引安弄 15 号内,后来移建到现在的南浦大桥桥堍中山南路 1551 号,它是目前上海唯一保存完好的晚清会馆建筑。它的名字来源,是因为福州城内有三座山:东南于山、西南乌石山(亦称道山)、北面越王山(亦称闽山),故会馆得名"三山"。

三山会馆是文物保护单位。如今,它将古色古香的晚清建筑与美轮美奂的民间收藏品融为一体,给人以美的享受。同时,它还是本市唯一保存完好的上海工人三次武装起义遗址。现在,三山会馆内还陈列着上海工人三次武装起义的图片和文字史料。

 模块 2：记忆中的老城厢

▲ **看一看**

小朋友,请你们用眼观察,用耳聆听,用手触摸,用笔记录,用心感受古老的遗迹。

▲ **秀一秀**

照片	感想

 模块 3：心中的老城厢

小朋友,参观完"大境阁"和"三山会馆",请把你看到的、听到的、查到的信息和故事和大家一起分享吧！

大境阁		
照片		信息
		分享

三山会馆		
照片		故事
		分享

▲ 做一做

❖ 模块4：触摸老城厢

▲ 说一说

黄浦区还有众多的历史古迹等待我们去发现，去研究，让我们放慢脚步，一起去追寻历史的印迹吧！

黄浦区市级文物保护单位——古建筑、历史遗迹

名 称	时　期	地 点	文保公布日期
沉香阁	明万历间(1573~1620 年)建,清嘉庆六年(1801 年)迁今址	沉香阁路	1959 年 5 月 26 日
商船会馆	清康熙五十四年(171 年)	会馆街	1959 年 5 月 26 日
书隐楼	清乾隆年间(1736~1795 年)	天灯弄	1987 年 11 月 17 日

沉香阁

　　在旧校场路西,又名慈云禅寺。沉香阁为慈云禅寺之主体,两层,观音像在阁上。沉香观音姿态与一般观音塑像不同,屈一足而坐,手垂于膝上,头部稍侧,若凝思状。

商船会馆

　　位于会馆街 28 号,创建于清康熙五十四年(1715年),由沪上沙船业各帮船商集资建造,为上海最早的会馆建筑,有大殿、戏台等。1959 年公布为上海市文物保护单位。

书隐楼

　　位于巡道街天灯弄。是清乾隆、嘉庆时内阁中书、兵部尚书沈初的住宅。此宅前部并列建筑三座,中间正厅七架梁,东西有轿厅、花厅等。东侧有话雨轩、船舫以及假山、花坛等。西面围以高 10 余米的风火墙,为内宅,有前后楼厅及东西厢,形成走马楼。前进楼上有"书隐楼"匾,沈初题,原为藏书楼。

▲ **任务单**

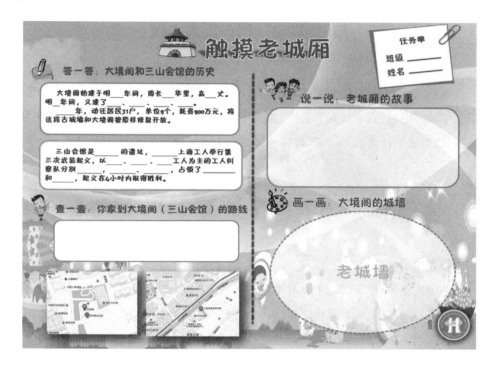

▲ **填一填**

评 价 内 容	自己眼中的"我"			伙伴眼中的"我"		
	好	较好	需努力	好	较好	需努力
1. 多种方法了解老城厢。						
2. 小组合作制作学习小报。						
3. 小组合力完成汇报交流。						

（项目负责人：杨艳）

第 35 件事　徜徉上海古镇

古镇的幽远令人神往，斑驳的墙面，留下一年又一年的印记；褪色的红砖青瓦，见证了一座城市的过去；小桥流水人家，构成了一幅江南水乡图。它们似乎忍不住要倾诉，它们想给这一片天、一片地娓娓诉说那些古老而神秘的往事……

第一部分　课程纲要

▲ 课程意图

中国历史悠久，广阔土地上有着很多文化底蕴深厚的古镇。上海郊区就有不少著名古镇老街，它们是上海的发祥之源，人文之根；它们各有特色，以其悠久的历史、丰富的文化成为撒落在上海周边郊区的一颗颗璀璨明珠。

本课程试图让生活在上海的孩子们走进这些古镇，去了解、去体验、去探寻，从而培养其那种从心底油然而生的对上海的热爱之情。

▲ 学习目标

1. 通过探访上海古镇的建筑、特产、名胜等，尝试了解上海的发展历史。
2. 通过了解上海古镇的风土人情、文化脉络，体会古镇的纯与美。

▲ 学程设计

一、童心探古韵

1. 理一理：通过查找资料、询问师长，了解上海近郊的知名古镇有哪些。利用班会课进行交流、梳理、汇总，完成"上海古镇一览表"。

2. 说一说：了解上海古镇在建筑风格、风土人情等方面的共同特点，并和小伙伴交流。

3. 查一查:通过上网查询、广泛阅读,了解上海知名古镇的代表性特产。利用晨会课以游戏形式开展"古镇—美食"对对碰活动。

4. 做一做:选择一个感兴趣的古镇,深入了解它的美食文化,制作小报介绍。

5. 查一查:通过上网查询、广泛阅读,了解上海知名古镇的标志性景点。利用晨会课进行交流。

二、慧眼赏名胜

1. 走一走:选择一个感兴趣的古镇,制订合理的出行线路,制定游览计划。通过亲子活动亲临古镇,感受古镇独特的韵味。

2. 秀一秀:利用晨会课,办一场"古韵悠悠行"照片展,秀出自己的照片。

第二部分　操作手册

"徜徉上海古镇"课程的内容、实施与评价如下表所示:

实施年段	模块	课时安排	实施途径	主要内容	评价方式
五年级(上)	童心探古韵	1课时	班会课	梳理上海近郊的古镇,了解其共有的建筑风格、风土人情等特点	一览表 任务单
		1课时	晨会课	梳理各古镇的特产,选择一种古镇美食,深入了解	任务单 小报
		1课时	晨会课	了解各古镇的标志性景点	任务单
	慧眼赏名胜	1课时	晨会课	计划线路,设计古镇行程	任务单
		1课时	亲子活动	游览古镇、欣赏古镇风景,感受古镇文化	家长寄语
		1课时	晨会课	"古韵悠悠行"照片展	同伴互评

按照上述表格所示,具体操作分成以下二个模块:

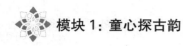

模块 1：童心探古韵

上海是中国近代与现代的最好见证,无数历史伟人在此留下浓重的一笔;

那些历经岁月流年的古迹,向人们静静述说这百年来的沧桑巨变。

上海的韵味,除了鳞次栉比的摩天楼宇,

还有那小桥流水展现的江南古典风情。

▲ **理一理**

上海众多的区县中到底有多少古镇坐落其中？请同学们填写下列表格进行梳理。

上海古镇一览表

区县	古 镇 名 称
浦东新区	
闵行区	
松江区	
青浦区	
奉贤区	
嘉定区	
金山	
宝山区	
崇明	

▲ **说一说**

上海的这些古镇,它们在建筑风格、风土人情等方面有哪些共同之处？

▲ 查一查

以下古镇都有哪些代表性的美食？让我们一起来玩玩"对对碰"游戏。

古镇名称	美食特产
青浦朱家角古镇	烧麦
闵行七宝古镇	蹄髈
闵行召稼楼古镇	小笼馒头
嘉定南翔古镇	海棠糕
金山枫泾古镇	状元糕
浦东新区航头下沙	扎肉

▲ 做一做

请同学们根据收集到的古镇美食资料,选择其中的一种,制作小报,向小伙伴介绍。

▲ 查一查

你知道上海周边古镇最著名的标志性景点是什么吗？来,让我们一起根据查找到的资料完成下列表格。

古镇名称	标志性景点
七宝古镇	
枫泾古镇	
新场古镇	
南翔古镇	
泗泾古镇	
罗店古镇	
金泽古镇	
召稼楼	

❖ 模块 2：慧眼赏名胜

▲ **任务单**

我最想去的古镇是_____,查找到的较为合理的出行线路是_____

_____

我的游览计划：

▲ **走一走**

亲爱的同学们：

现在,就请你背上行囊,和爸爸妈妈一起亲临古镇,去感受不一样的古镇文化吧!记住哦,请留下你在古镇活动的身影,记录下你的收获。

我游览过的景点：_____

我最喜欢的地方：_____

喜欢的理由：_____

古镇特产：_____

▲ **秀一秀**

"古韵悠悠行"照片展

（项目负责人：宋健）

第 36 件事　穿越城市"地下网"

转过一个路口,站上一个站台,踏上一段"旅程"。当你迈开双脚,用心灵和这个世界交流时,你会发现,当你穿梭在人群里、浸润在生活中时,会迸发出无限的灵感,使你能够拥有真切的体验，所有你学到的知识，都将化作无形的力量，你在成长！

第一部分　课程纲要

▲ **课程意图**

地铁建设在上海发展迅速，地铁正以其省时便利、环保舒适的优势成为百姓出行的首选，承载着这座大都市 50% 的客流量，在地下织成了一张四通八达的交通网。

我们的学生，作为上海人，不仅要了解这种与其生活息息相关的交通方式，更要通过"会生活"为核心理念的一系列综合实践活动，综合运用知识、培养生存技能、提升交往能力。

▲ **学习目标**

1. 关注地铁建设，了解其发展历程，焕发对上海的热爱。

2. 掌握乘坐地铁的技能，学习文明乘车与自我保护，培养与人沟通的能力。

▲ **学程设计**

一、站点万花筒

1. 通过地铁线路图知道上海所有的地铁线路、时刻表和起始点。选择一个目的地，用"对话式、问题式、网络式、考察式……"等方式确定最快捷的地铁出行线路，亲历转乘换乘。

2. 了解上海地铁的几种购票方式，选择自己最喜欢的一种乘坐地铁。欣赏不同的一日票。

3. 认识地铁站点的相关标识，画一画，向小伙伴介绍一二。

二、文明小乘客

1. 初步知晓地铁礼仪，了解《上海市轨道交通管理条例》，就"剪指甲、禁食"等热门话题展开辩论。

2. 了解乘坐地铁过程中可能会遇到的危险：什么时候拉手闸？出现火警怎么办？站点按钮装置在哪里？人多拥挤怎么办？……，通过"搜一搜、问一问、写一写、演一演"等形式模拟情境、尝试解决。编制《安全乘车我牢记》宣传标语集。

三、畅游文化园

1. 收集资料、访谈整理、编制小报，了解地铁的历史及"快速、畅通、节能"等优势。体会它与上海的变迁史、与城市发展之间的紧密联系。

2. 根据上海诸多博物馆都处于地铁沿线的特点，绘制线路图，有计划地参观这些博物馆，选择一二个感兴趣的，撰写参观笔记《地铁里的×××博物馆》。

四、分享新鲜事

将乘坐地铁时的所见所闻与大家分享，撰写作文《乘地铁时发生的一件事》。

第二部分　操作手册

"穿越城市'地下网'"课程的内容、实施与评价如下表所示：

实施年段	模块	课时安排	实施途径		主要内容	评价方式
五年级（上）	站点万花筒	1课时	晨会课	我的学习我做主	了解景点、选择目的地	任务单
		1课时	探究课	出行线路我设计	欣赏一日票、绘制地下转乘路线图	学生互评任务单
		1课时	美术课	站点标识我绘制	了解地铁站点标识	任务单
	文明小乘客	1课时	品社课	文明乘车我牢记	知晓礼仪、编制标语	任务单
	畅游文化园	/	亲子活动	小鬼当家我领路	了解地铁的发展历程、参观景点	小报、参观笔记、照片
	分享新鲜事	1课时	语文课	心语心情我表达	分享所见所闻所感	习作征文

按照上述表格所示，具体操作分成以下四个模块：

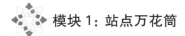 **模块1：站点万花筒**

一、我的学习我做主

 选一选

多伦路文化名人街

寻访名人足迹

多伦路，是上海虹口区的一条小街，南傍四川北路商贸闹市，北邻鲁迅公园、虹口足球场，背靠内环高架、轻轨明珠线，动静相间一里有余。

多伦路是一个卧虎藏龙之地，在中国近现代史上，鲁迅、茅盾、郭沫若、叶圣陶、柔石、夏衍、瞿秋白、冯雪峰等众多的文化名人都曾经在这里生活居住过，在一条500多米的小街上却集中了如此多的著名人士遗迹在上海实属罕见，因此，它虽在地图上难有立锥之地，但在近现代中国文化史上却是浓墨重彩的一笔。

多伦路地区拥有深厚的文化底蕴和丰富的近代历史遗址群落，沿线的历史名人故居、纪念馆、艺术馆，道出了"文化名人与您同行"的主题，继承和延续其特有的城市文脉。

上海博物馆

漫游历史长河

上海博物馆位于上海市的中心——人民广场的南侧。从远处眺望，它那圆形屋顶加拱门的上部弧线，使整座建筑宛如一尊古代的青铜器。

博物馆的陈列面积有2,800平方米，开设12个专题陈列室：少数民族工艺馆、中国古代青铜馆、中国明清家具馆等。馆藏珍贵文物12万件，包括青铜器、陶瓷器、书法、绘画、玉牙器、竹木漆器、甲骨、玺印、少数民族工艺等21个门类，其中尤以青铜器、陶瓷器、书法、绘画为特色。

▲ **任务单**

亲爱的小朋友：

　　看了以上景点的介绍，你是不是早已"身未动，心已远"了？不着急，咱们先来确定一个目的地，请在你中意的景点简介前的方格中用"√"选一选。如果你有另外想去的上海景点，也请你也仿照上文的景点介绍，把它介绍给大家。

_____

二、出行线路我设计

▲ **查一查**

你想查最快捷的地铁出行线路吗？下面的方法或许对你有所帮助哦！

1. 查询上海轨道交通信息图，获取转乘或换乘信息。

2. 在网络地图中输入你的起点和终点，查找路线。

3. 拨打 12345 市民服务热线或者 12580 中国移动综合信息服务平台，询问出行路线。

▲ **任务单**

亲爱的小朋友：

你们准备好了吗？现在就让我们动笔绘制一张地下转乘换乘路线图吧！

起点_____　　　　目的地_____

```



```

三、站点标识我绘制

 画一画

出口

售票处

楼梯

无障碍电梯

任务单

亲爱的小朋友：

地铁中还有许多标识哦，赶快提起笔来画一画，并向小伙伴介绍一二。

模块2：我是文明小乘客

一、文明乘车我牢记

你在地铁里见到过哪些不文明的现象？这些现象会给乘客带来什么影响？

 议一议

1. 地铁里可以大声说话吗？

2. 你赞成在地铁里吃东西吗？

3. 边上边下是更节省时间吗？

4. 宠物也可以乘坐地铁吗？

5. 门开了，我们快点挤上去抢个座位吧！

 找一找

在地铁里，你看到过这些安全标识和装备设施吗？

▲ **查一查**

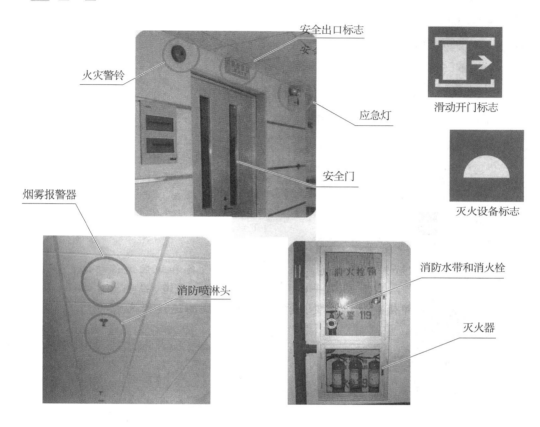

烟雾报警器

消防喷淋头

火灾警铃

安全出口标志

安全

应急灯

安全门

滑动开门标志

灭火设备标志

消防水带和消火栓

灭火器

▲ **任务单**

小朋友：

我们如何做一个文明的学生？请你为"文明乘坐地铁"设计几条宣传标语。

❖ **模块3：畅游文化园**

一、小鬼当家我领路

▲ **乘一乘**

你知道吗？乘坐上海地铁有以下几种购票方式，你完全可以根据自己的喜好，选择最便捷的一种进行体验。

● **人工售票**：乘客只要根据站内导向标志指示即可循序前进，找到售票处，然后向售票员询问后购票。

购票种类：

1. 单程票：据所到站数计价。单程票只能使用一次，进站前刷一次，出站后需投进回收孔才能出站，如果超出规定站台数目，需要补票。

2. 一日票（18 元），可在第一次刷卡进站后 24 小时内，任意乘坐上海轨道交通的所有线路（磁浮线除外）。

3. 三日票（45 元），可在第一次刷卡进站后 72 小时内，任意乘坐上海轨道交通的所有线路（磁浮线除外）。尤其适合来沪旅游、出差人士的出行。

● **准备好零钱，使用自动售票机**。

使用方法如下图所示：

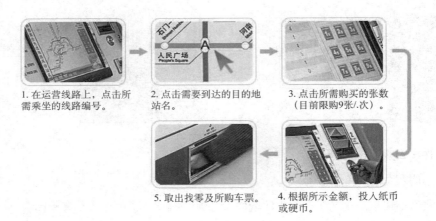

1. 在运营线路上，点击所需乘坐的线路编号。　　2. 点击需要到达的目的地站名。　　3. 点击所需购买的张数（目前限购9张/.次）。

5. 取出找零及所购车票。　　4. 根据所示金额，投入纸币或硬币。

● **充值交通卡，直接刷卡**。

▲ **任务单**

亲爱的小朋友：

现在，就请你背上行囊，带上你的爸爸妈妈去穿越城市"地下网"，去体验转乘换乘、抵达目的地的快乐吧！记住哦，请留下你在地铁站活动的身影。

▲ **写一写**

亲爱的小朋友：

在"穿越城市地下网"的活动过程中，你一定经历过许多事吧！哪一件留给你的印象最深刻呢？是因为它有趣令人忍俊不禁？是因为它甜蜜温馨让人感到温暖？还是因为它尴尬令人哭笑不得……请选择你最忘不了的一件事，把它写下来与小伙伴们分享。

（项目负责人：朱正靖）

第 37 件事　做你身边的志愿者

我们是无声的春雨，我们是和煦的春风。来吧！走进志愿者的行列，让爱心在阳光下闪烁，我们的付出不需要回报，充实的人生就在你我手中。哪里需要帮助，哪里就有我们，让爱心插上翅膀飞向南北西东，让这世间充满爱与阳光……

第一部分　课程纲要

▲ **课程意图**

国家中长期教育改革发展规划纲要中明确提出"坚持以人为本、全面实施素质教育是教育改革发展的战略主题，其核心素养是解决好培养什么人、怎样培养人的重大问题，着力提高学生服务国家、服务人民的社会责任感。"这个主题给学校教育带来了深刻的思考,在众多的教育途径中,小学生服务活动无疑是一条培养学生良好的道德素养和行为习惯的有效途径。

　　小学生志愿服务活动会遇到很多棘手的问题。他们年龄小,理解力、解决问题的能力差,自我约束、自我保护的意识薄弱,但也正是这些问题为我们提供了很多教育的机会。本课程力图让学生从"作为家庭的一员"、"作为学校的一员"、"作为社区的一员"三个角色,在为他人服务的过程中,学会感恩、学会奉献、学会负责、学会追求,促进学生良好品德的形成,逐渐树立起正确的人生观与社会价值观。这不仅立足于当下学生的成长需求,更立足于未来他们将如何自信地面对世界、和谐地融入社会奠定的根基性素养。

▲ 学习目标

　　1. 在亲子活动和年级社会实践活动中宣传志愿服务精神,知道每个人在家庭和社区都可以做一些力所能及的事情。

　　2. 在为家庭、校园、社区服务的过程中,懂得运用公平、公正的原则去解决问题,提高小志愿者的服务技能和服务本领。

▲ 学程设计

一、家庭爱心小天使

1. 说一说：向小伙伴介绍爸爸妈妈的工作。

2. 连一连：用连线的方式了解爸爸妈妈在家要干哪些家务活。

3. 摸一摸：摸一摸爸爸妈妈的手,体会他们的辛苦,并对他们说说你的心里话。

4. 做一做：根据实际情况,为家庭做件力所能及的事。

二、我是伙伴小帮手

1. 找一找：结合大队部"手拉手章"活动,找到自己的好朋友,并写一写自己与好朋友或老师之间发生的故事。

2. 做一做：收集交友格言,为好朋友做一张书签,或制作一份赠言集、友谊相册集,写上祝福的话语,提点建议,送给伙伴们。

三、校园需要我出力

1. 找一找：寻找学校和班级中有哪些需要大家去做或者去关心的事情。自主认领，确立班级服务小岗位，实现"事事有人干，人人有事干"。岗位的设立可依据班级实际需要，如"桌椅排排队""黑板小伙伴"这样的简单的劳动岗位。

2. 辩一辩：当为集体服务和自己的学习有冲突时，我们应该怎么办？

3. 玩一玩：与小伙伴一起完成"好伙伴游戏棋"的制作，并一起玩一玩。

四、我为社区添光彩

1. 想一想：介绍小区的志愿者"青少年护绿队"护花草、认养树木、浇灌树木……

思考：在我们生活的社区里有没有需要解决的问题？如：文明养狗、小区停车、门口摆摊等，交流并找出合理解决的办法。

2. 拍一拍：用相机把看到的陋习拍下来，提醒身边人改掉坏习惯，并根据实际情况为社区做一件力所能及的事情，制定服务计划，把活动的设想、过程和结果记录下来交流、分享。

第二部分 操作手册

"我在你身边"课程的内容、实施与评价如下表所示：

实施年段	模块	课时安排	实施途径	主要内容	评价方式
三年级（下）	家庭爱心小天使	2课时	班会	知道爸爸、妈妈所从事的工作，学做简单家务来分担大人的负担。	家校互评
	我是伙伴小帮手	0.5课时	晨会	分享伙伴互助的故事，制作好友书签。	交友书签
		1课时	亲子活动		
	校园需要我出力	1课时	品社	学会解决个人利益与集体利益之间矛盾的方法。	好伙伴游戏棋
	我为社区添光彩	1课时	品社	寻找为社区服务的方法和途径。	社区服务计划书
		1课时	社会实践	参加社区服务活动体验。	

按照上述表格所示,具体操作分成以下三个模块:

 模块 1：家庭爱心小天使

 说一说

你的爸爸妈妈是做什么工作的？请你向小伙伴介绍一下。

在你家里,爸爸妈妈都做了哪些家务,请你夸一夸。

 摸一摸

小朋友,爸爸妈妈很辛苦,回家摸一摸他们的手,并对他们说说你的心里话。

 做一做

1. 爸爸出差以后,我会……

2. 当家人争吵的时候,我会……

3. 当家人生病的时候,我会……

请你说说怎样做个"家庭爱心小天使",回家为家人做一件事,并在以后的生活中做到持之以恒。

 模块 2：我是伙伴小帮手

 找一找

小伙伴们,"手拉手章"正向你招手呢！赶快行动起来,寻找一位需要帮助的伙伴,献上一份真诚地爱心！

你的好朋友是谁？说说你和他之间发生的故事,也可以是同学和老师关心帮助你的事。

我也体会过这样的爱:

_____

做一做

收集交友格言，为好朋友做一张书签，或制作一份赠言集，写上祝福的话语，提点建议，送给你的伙伴们！

模块 3：校园需要我出力

 找一找

找一找学校和班级有哪些事情需要大家去做或去关心的。

1. 我人高力气大，就让我来擦黑板吧！

2. 看到纸屑我会主动扫掉。

3. 我会画画，我来负责班级园地。

4. 我为学校的绿化出力。

5. 我要把我们教室的玻璃窗擦得最亮丽。

6. 运动会上我们为集体争荣誉。

7. 我们班的红旗又多了！

 辩一辩

我很想为班级做些事情，可是老师和同学都说我做事慢，功课也不太好，所以就没有分配给我小岗位。我心里很难受，不知道该怎么为班级出力。请你发表你的看法：

_____

模块 4：我为社区添光彩

美好的家园需要每一个居民参与建设，无论男女老少，都可以用自己的方式尽一份力！

青少年护绿队

上海市有个小区活跃着一支"青少年护绿队"。那年暑假，居民委员会组织小区里

271

的青少年开展护绿活动。每个人认养一棵小树，并且在认养的小树上挂上自己的名字。认养者们组成一支"青少年护绿队"，除了照料认养的小树外，还保护小区里的花草和灌木。

寒假来临，护绿队开展"用绿色美化小区"活动。大家用压岁钱和零花钱设立护绿队"绿化基金"，在居委会主任的帮助下，购买常青植物，栽种在小区里。物业管理公司特意用灌木在小区绿地里做成"青少年园地"五个大字，给护绿队以支持金额鼓励。

在你生活的社区里有没有需要解决的问题？大家通常用什么办法来解决这些问题？你又有哪些好办法？

1. 小区遛狗随地大小便

2. 小区门口的菜场

3. 停车场还是绿地

4. 小区违章搭建

▲ **拍一拍**

我也要拿起我的小相机，把身边看到的陋习拍下来，提醒更多的人改掉坏习惯，一起争做文明的好市民！

▲ **任务单**

同学们，为社区做点力所能及的事情其实并没有那么难。暑假即将来临，请你为你居住的社区做一件力所能及的事情，并把活动的设想、过程和结果记录下来，和伙伴们一起交流、分享。

社区服务活动计划	
参与人员	
活动设想	

社区服务活动计划	
活动过程	
活动感想	
社区评价	

（项目负责人：朱黎平）

学校是人生梦想起航的地方，小学阶段更是孩子们孕育梦想、表达梦想、实现梦想和放飞梦想的重要阶段。"让每一个孩子在实现梦想的过程中体验快乐，让每一位教师在点燃梦想的过程中享受幸福"是我们学校"梦想教育"的价值追求。为此，"徽三人"以课程变革为突破口，踏上了漫漫的追梦之路。

2015 年 2 月，上海市黄浦区区级重点课题《"蒲公英课程"的框架设计与实践探索》课题立项，拉开了学校课程变革的序幕。三年的实践探索，我们梳理了"蒲公英课程"的内涵、理念与目标，建构了具有校本特色的课程体系，设计与开发了"蒲公英课程"框架下的"12 岁以前应该要做的 37 件事"综合活动课程，形成比较完整的综合实践活动课程框架。

今天，凝聚了全体"徽三人"汗水和智慧的《蒲公英课程：综合实践活动课程的校本创意》一书终于完稿了。全书由六个章节组成，收入了学校为孩子们量身定做的 37 门综合活动课程。灵动的综合活动课程，为孩子们提供了多样化的自主体验的机会，丰富着他们的学习经历，满足了他们共性学习和个性发展的需求，成就着他们的童年梦想。孩子们在老师的引领下用眼睛观察着世界，用双脚丈量着世界，用心灵感受着世界，用自己的实践累积着生命的厚度，体验着圆梦过程的快乐和幸福，感受着生命的美丽与绚烂。

《蒲公英课程：综合实践活动课程的校本创意》一书的问世，有幸得到来自各方领导、专家的指导和帮助，以及全体教职员工的热情参与。我们感恩于上海市教育科学研究院杨四耕老师的悉心指导，感谢上海市教委新优质学校项目组、黄浦区教育局、黄浦区教育学院、黄浦区人民政府教育督导室有关领导以及专家的关心与支持，感谢学校 37 个项目的负责人及其团队的辛勤付出！

项目研究虽然告一段落，但是"徽三人"不会停下改革的脚步。我们将在学校课程深度变革的探索道路上砥砺前行，引领孩子们做一生追梦的人！